Your *Collins Gem Phrase Finder* is designed to help you locate the exact phrase you need in any situation, whether for holiday or business. If you want to adapt the phrases, we have made sure that you can easily see where to substitute your own words (you can find them in the dictionary section), and the clear, alphabetical, two-colour layout gives you direct access to the different topics.

The *Phrase Finder* includes:

■ Over 70 topics arranged alphabetically from **ACCOMMODATION** to **WORK**. Each phrase is accompanied by a simple pronunciation guide which ensures that there's no problem over pronouncing the foreign words.

■ Practical hints and useful vocabulary highlighted in boxes. Where the English words appear first in the box, this indicates vocabulary you may need. Where the red Czech words appear first, these are words you are more likely to ~~~~~~~~~ ~~~~~~ ~~~nd notices.

WORDS
ARE E

■ Possibl
The foreig

■ A clearly la
appear in b

D1357404

■ A basic grammar section which will enable you to build on your phrases.

It's worth spending time before you embark on your travels just looking through the topics to see what is covered and becoming familiar with what might be said to you.

Whatever the situation, your *Phrase Finder* is sure to help!

CONTENTS

Czech contains some unfamiliar letters and a few difficult sounds for English speakers. The letters b d f g h k l m n p s t v x *and* z *sound the same as in English. Note that* g *is always hard as in 'lag', never soft as in 'large', and* s *is always hissed as in 'Less', never like z as in 'Les'. The stress is always on the first syllable of the word, and we use hyphens to divide up the syllables. The letters* l *and* r *can be a syllable in their own right, eg* Vltava *(vl-ta-va)*, sprcha *(sprr-kha), and* h *is always pronounced, even at the end of a word, eg* pstruh *(pstroo-h). See* ALPHABET *for a full list of the pronunciation symbols we use.*

c	*is pronounced like 'ts' in 'bits', not like 'k' or 's'*
č	*is pronounced like 'ch' in 'church'*
ch	*(considered a separate letter) is pronounced like the rasping 'ch' in the Scottish word 'loch', not like 'ch' in 'church'*
š	*is pronounced like 'sh' in 'shut'*
j	*is pronounced like 'y' in 'yes'*
ď	*is something like the sound in 'led you'; we show this using a small raised* y*, eg* ted' *(ted*y*)*
ť	*is something like the sound in 'let you', eg* let' *(let*y*)*
ň	*is pronounced like 'ni' in 'onion', eg* Plzeň *pl-zen*y
ř	*is an unusual sound combining rolled 'r' and 'zh', eg* Dvorak *(dvo-*r*zhak). If you can't manage it try saying 'zh' instead.*

■ VOWELS

a	*is pronounced as in* fat*, not as in* fate
e	*is pronounced as in* pet*, not as in* Pete
i	*is pronounced as in* police*, not as in* pill *or* pile
o	*is pronounced as in* pop*, not as in* pope
u	*is pronounced as in* blue*, not as in* tub *or* tube
y	*is pronounced as in* hilly*, not as in* yeti *(same sound as* i *)*

Vowels can be long or short. When the vowel is long, shown in Czech by an accent (eg ú *or* ů *), we use underlining:* tabák *ta-ba̲k. You will also see combinations of vowels such as* au *(a*w*) and* ou *(o*w*), like 'ouch' and 'coach' respectively.*

You can find accommodation in hotels, guest houses, hostels and private houses. Hotels are given star ratings up to 5 stars, the most common being those with 2 or 3 stars. Breakfast may be included in the price in big hotels. Hotel rooms usually have bath or shower. The local tourist office will have details about accommodation in private houses, which is generally cheaper.

HOTEL / GUEST HOUSE	hotel / penzion
VACANCIES / NO VACANCIES	volné pokoje / obsazeno

Is there a hotel here?
Kde tu najdu hotel?
kde too naʸ-doo ho-tel

I want to book a room
Chci si zamluvit pokoj
khtsee see zam-loo-veet po-koy

Have you a room?
Máte volný pokoj?
ma-te vol-nee po-koy

for tonight
na dnes
na dnes

for tomorrow
na zítra
na zeet-ra

I/we want to stay...
Chci/chceme se ubytovat na...
khtsee/khtse-me se oo-bee-to-vat na...

1 night	**2 nights**	**3 nights**	**1 week**
jednu noc	**dvě noci**	**tři noci**	**týden**
yed-noo nots	*dvʸe no-tsee*	*t'zhee no-tsee*	*tee-den*

I want...
Chci...
khtsee...

a single room
pokoj pro jednu osobu
po-koy pro yed-noo o-so-boo

a double room
pokoj pro dvě osoby
po-koy pro dvʸe o-so-bee

a room for 3 people
pokoj pro tři osoby
po-koy pro t'zhee o-so-bee

with bath
s koupelnou
s koʷ-pel-noʷ

with shower
se sprchou
se sprr-khoʷ

How much is it per night?
Kolik stojí jedna noc?
ko-leek sto-yee yed-na nots

I'd like…
Chtěl(a) bych…
kht^yel(a) beekh…

a quiet room
tichý pokoj
t^yee-khee po-koy

a room on the ground floor
pokoj v přízemí
po-koy v p^rzhee-ze-mee

a room with a balcony
pokoj s balkonem
po-koy s bal-ko-nem

Is breakfast included?
Je v ceně zahrnuta snídaně?
ye v tse-n^ye za-hrr-noo-ta snee-da-n^ye

Have you anything cheaper?
Nemáte něco levnějšího?
ne-ma-te n^ye-tso lev-n^yey-shee-ho

I want to see the room
Chci si ten pokoj prohlédnout
khtsee see ten po-koy pro-hled-no^wt

The room is too small
Tento pokoj je příliš malý
ten-to po-koy ye p^rzhee-leesh ma-lee

Is there anywhere else to stay?
Jsou tu ještě další možnosti ubytování?
yso^w tu yesh-t^ye dal-shee mozh-nos-tee oo-bee-to-va-nee

■ YOU MAY HEAR

Na kolik nocí?
na ko-leek no-tsee
For how many nights?

Vaše jméno, prosím
va-she yme-no pro-seem
Your name, please

Váš pas, prosím
vash pas pro-seem
Your passport, please

Máme obsazeno
ma-me ob-sa-ze-no
We are full up

■ CAMPING ■ HOTEL DESK ■ ROOM SERVICE

The network of motorways **dálnice** *is quite limited and connects the major cities only. However levels of traffic are much lower than in the UK. Odd and even house numbers are on opposite sides of each street. It is advisable to use the postcode for faster delivery.*

ADDRESS	adresa
STREET	ulice
SQUARE	náměstí

What's the address?
Jaká je adresa?
ya-ka ye ad-re-sa

What's the phone number?
Jaké je telefonní číslo?
ya-ke ye te-le-fo-nee chees-lo

What is the postcode?
Jaké je poštovní směrovací číslo?
ya-ke ye posh-tov-nee smnYe-ro-va-tsee chee-slo

This is my address
To je moje adresa
to ye mo-ye ad-re-sa

my home address
moje adresa domů
mo-ye ad-re-sa do-moo

my hotel address
adresa mého hotelu
ad-re-sa me-ho ho-te-loo

my work address
moje adresa do práce
mo-ye ad-re-sa do pra-tse

Please take me to this address
Zavezte mně, prosím, na tuto adresu
za-vez-te mnYe pro-seem na too-to ad-re-soo

Please write down the address
Zapište si, prosím, adresu
za-peesh-te see pro-seem ad-re-soo

Where is this address?
Kde je tato adresa?
kde ye ta-to ad-re-sa

Please show me on the map
Ukažte mi to na mapě, prosím
oo-kazh-te mee to na ma-pYe pro-seem

■ DIRECTIONS ■ MAPS & GUIDES ■ NUMBERS

9

*Most signs are in Czech and English and you may go through the
airport without having to speak any Czech. The two international
airports in the Czech Republic are* **Ruzyně** *(in Prague) and* **Ostrava**
Local tourist offices will have information on how to get there.

AIRPORT	**letiště**
ARRIVALS	**přílety**
DEPARTURES	**odlety**
FLIGHT	**let**
DOMESTIC	**vnitrostátní**
INTERNATIONAL	**mezinárodní**
GATE	**(číslovaný) východ**
DELAY	**zpoždění**

To the airport, please
Na letiště, prosím
na le-tʸeesh-tʸe pro-seem

How much is it to the airport?
Kolik to stojí na letišti?
ko-leek to sto-yee na le-tʸeesh-tʸe

I am going to...
Chci jet do...
khtsee yet do...

My flight is at ... o'clock
Odlétám v ... hodin
od-le-tam v ... ho-deen

Is there a bus to the airport?
Jezdí na letiště autobus?
yez-dee na le-tʸeesh-tʸe aʷ-to-boos

into town
do města
do mnʸes-ta

I want to reconfirm my flight
Chci potvrdit let
khtsee pot-vrr-deet let

to London
do Londýna
do lon-dee-na

to Glasgow
do Glasgow
do glasgow

When will the flight leave
Kdy odlétá letadlo?
kdee od-le-ta le-tad-lo

■ **YOU MAY HEAR**

Běžte k východu číslo...
bʸezh-te k vee-kho-doo chees-lo...
Go to gate number...

Let ... je opožděn
let ... ye o-pozh-dʸen
Flight ... is delayed

This is the alphabet for dictionary purposes. NB ch follows h.

LETTER		SYMBOL	SOUNDS LIKE
A	a	a	**fat**
B	b	b	**balloon**
C	c	ts	**bits**
Č	č	ch	**church**
D	d	d	**dad**
E	e	e	**pet**
F	f	f	**fur**
G	g	g	**get**
H	h	h	**home**
CH	ch	kh	**loch** *(Scottish pronunciation)*
I	i	ee	**police**
J	j	y	**yes**
K	k	k	**kite**
L	l	l	**late**
M	m	m	**milk**
N	n	n	**no**
O	o	o	**pop**
P	p	p	**peace**
R	r	r, rr	**red** *(rolled)*
Ř	ř	ʳzh	*(combined 'r' and 'zh')*
S	s	s	**son**
Š	š	sh	**shut**
T	t	t	**top**
U	u	oo	**blue**
V	v	v	**vet**
W	w	v	**vet**
X	x	x	**fax**
Y	y	ee	**police**
Z	z	x	**zebra**
Ž	ž	zh	**pleasure**

■ PRONOUNCING CZECH

*In 1993 Czechoslovakia (**Československo**) split into the Czech Republic (**Česká Republika**), comprising Bohemia (**Čechy**) and Moravia (**Morava**), and Slovakia (**Slovensko**). The adjective **český** refers either generally to both the Czech lands and specifically to Bohemia. The Slovak language is slightly different to Czech, but Czech will be understood in Slovakia.*

yes
  ano
  a-no

no
  ne
  ne

please
  prosím
  pro-seem

thank you
  děkuji
  d^ye-koo-yee

thanks
  díky
  dee-kee

hello *(formal)*
  dobrý den
  dob-ree den

hi! / bye! *(informal)*
  ahoj
  a-hoy

goodbye *(formal)*
  nashledanou
  nas-hle-da-no^w

excuse me/sorry/pardon?
  promiňte
  pro-meen^y-te

How much is it?
  Kolik to stojí?
  Ko-leek to sto-yee

this one
  tento
  ten-to

that one
  tamten
  tam-ten

1 ticket
  jeden lístek
  ye-den lees-tek

2 tickets
  dva lístky
  dva leest-kee

10 tickets
  deset lístků
  de-set leest-koo

Do you have...?
  Máte...?
  ma-te...

I need...
  Potřebuji...
  pot-^rzhe-boo-yee...

12

Where is...?
Kde je...?
kde ye...

Where are...?
Kde jsou ...?
kde yso^w...

Where's the nearest...?
Kde je nejbližší...?
kde ney-bleezh-sh<u>ee</u>...

Where is the toilet?
Kde je toaleta?
kde ye to-a-le-ta

I want...
Chci ...
khtsee...

I don't want it
Nechci to
nekh-tsee to

Can I...?
Mohu...?
mo-hoo...

Can we...?
Můžeme...?
m<u>oo</u>-zhe-me...

Is there...?
Je tu...?
ye too...

Are there...?
Jsou tam...?
yso^w tam...

Please write it down
Zapište to, prosím
za-peesh-te to pro-s<u>eem</u>

I don't understand
Nerozumím
ne-ro-zoo-m<u>eem</u>

Do you speak English?
Mluvíte anglicky?
mloo-<u>vee</u>-te an-gleets-kee

I don't speak Czech
Nemluvím česky
nem-loo-<u>veem</u> ches-kee

Please go away!
Odejděte, prosím!
o-dey-d^ye-te pro-s<u>eem</u>

It doesn't matter
To nevadí
to ne-va-d<u>ee</u>

■ GREETINGS ■ MAKING FRIENDS

It hurts	my foot	my ankle
Bolí to	**moje noha**	**můj kotník**
bo-lee to	*mo-ye no-ha*	*mooy kot-neek*
	his foot	her ankle
	jeho noha	**její kotník**
	ye-ho no-ha	*ye-yee kot-neek*

■ PARTS OF THE BODY

ankle(s)	kotník(y)	*kot-neek(ee)*
appendix	slepé střevo	*sle-pe stᶠzhe-vo*
arm(s)	paže	*pa-zhe*
back	záda	*za-da*
bone	kost	*kost*
breast	prsa	*prr-sa*
chest	hruď	*hrood*
ear(s)	ucho (uši)	*oo-kho (oo-shee)*
eye(s)	oko (oči)	*o-ko (o-chee)*
finger(s)	prst(y)	*prrst(ee)*
foot(feet)	noha (nohy)	*no-ha (no-hee)*
hand(s)	ruka (ruce)	*roo-ka (root-se)*
head	hlava	*hla-va*
heart	srdce	*srrd-tse*
hip	bok	*bok*
joint	kloub	*kloʷb*
kidneys	ledviny	*led-vee-nee*
knee	koleno	*ko-le-no*
leg	noha	*no-ha*
liver	játra	*yat-ra*
muscle	sval	*sval*
neck	krk	*krrk*

■ DOCTOR ■ PHARMACY

Coach travel is popular and if you plan to travel by coach, you should reserve a seat at the bus station. No return tickets are available, but children under 15 will get a reduction. For travel on buses and trams, you must buy tickets in advance and punch them on board. You buy tickets from tobacconist's, news kiosk, etc.

TICKET	lístek / jízdenka
COACH STATION	autobusové nádraží
RESERVATION	místenka

1 ticket	**2 tickets**	**10 tickets**
jeden lístek	dva lístky	deset lístků
yed-en lees-tek	*dva leest-kee*	*de-set leest-koo*

I am going to...
Chci jet do/na...
khtsee yet do/na...

to the airport
na letiště
na le-t'eesh-t'e

to the centre
do centra
do tsen-tra

to Chesky Krumlov
do Českého Krumlova
do ches-ke-ho kroom-lo-va

to Kutna Hora
do Kutné Hory
do koot-ne ho-ree

Which bus goes to...?
Ktery autobus jede do/na...?
kte-ree aᵂ-to-boos ye-de do/na...

Which tram goes to...?
Která tramvaj jede do/na...?
kte-ra tram-vaʸ ye-de do/na...

Is there a bus to...?
Existuje autobusové spojení do...?
ek-zees-too-ye aᵂ-to-boo-so-ve spo-ye-nee do...

Where is the coach station?
Kde je autobusové nádraží?
kde ye aᵂ-to-boo-so-ve na-dra-zhee

Where's the timetable?
Kde je jízdní řád?
kde ye yeez-dnee ʳzhad

Where do I get off?
Kde mám vystoupit?
kde mam vees-toᵂ-peet

■ AIRPORT ■ METRO ■ TAXI

Businesses generally operate from Monday to Friday. They tend to start and finish earlier than in other European countries.

BOARD MEETING	**schůzka správní rady**
CONFERENCE ROOM	**konferenční sál**
MEETING	**schůzka**
SAMPLE	**vzorek**
TO DRAW UP A CONTRACT	**sepsat smlouvu**
TRADE FAIR	**veletrh**

I'd like to arrange a meeting with...
  Rád(a) bych si domluvil(a) schůzku s...
  rad(a) beekh see dom-loo-veel(a) skhooz-koo s...

Can we meet...?	**for lunch**	**for dinner**
Můžeme se setkat...?	**na oběd**	**na večeři**
moo-zhe-me se set-kat...	*na ob-Yed*	*na ve-che-ʳzhee*

at 1000	**on 4 May**
v deset hodin	**čtvrtého května**
v de-set ho-deen	*chtvrr-te-ho kvʸet-na*

I'll confirm...	**by letter**	**by fax**
Potvrdím to...	**dopisem**	**faxem**
pot-vrr-deem to...	*do-pee-sem*	*fak-sem*

What's your address?
  Jaká je vaše adresa?
  ya-ka ye va-she ad-re-sa

How do I get to your office?
  Jak se dostanu do vaší kanceláře?
  yak se dos-ta-noo do va-shee kan-tse-la-ʳzhe

I am staying at...
  Jsem ubytovaný(á) v...
  ysem oo-bee-to-va-nee(a) v...

ENGLISH-CZECH ——————————————— BUSINESS

May I leave a message?
  Mohu nechat vzkaz?
  mo-hoo ne-khat vzkaz

I have an appointment with...
  Mám schůzku s...
  mam skhooz-koo s...

Here is my card
  Tady je moje navštívenka
  ta-dee ye mo-ye nav-sht^yee-ven-ka

I'm delighted to meet you at last
  Jsem rád(a), že vás konečně poznávám
  ysem rad(a) zhe vas ko-nech-n^ye poz-na-vam

I'm sorry I'm late
  Promiňte, že jdu pozdě
  pro-meen^y-te zhe ydoo poz-d^ye

My flight was delayed
  Moje letadlo mělo zpoždění
  mo-ye le-tad-lo mn^ye-lo zpozh-d^ye-nee

May I introduce you to...
  Dovolte, abych vás představil(a)...
  do-vol-te a-beekh vas p^rzhed-sta-veel(a)...

■ **YOU MAY HEAR**

Schůzka byla zrušena
  skhooz-ka bee-la zroo-she-na
  Your appointment has been cancelled

Budeme vás průběžně informovat
  boo-de-me vas proo-b^yezh-n^ye in-for-mo-vat
  We will keep you informed

Zavoláme vám co nejdříve
  za-vo-la-me vam tso ney-d^rzhee-ve
  We will call you back as soon as possible

■ **FAX** ■ **TELEPHONE** ■ **WORK**

17

There are lots of camp sites and prices are reasonable, though the equipment is often very basic. There is usually a shop and a simple place to eat, but not necessarily hot water or acceptable toilets.

DRINKING WATER	pitná voda
SHOWERS	sprchy
OFFICE/RECEPTION	recepce
TENT	stan

Is there a camp site?
Je tu kemp?
ye too kemp

Where is the camp site?
Kde je kemp?
kde ye kemp

We want to stay...
Chceme zde zůstat...
khtse-me zde zoo-stat...

	1 night	2 nights	3 nights
	jednu noc	dvě noci	tři noci
	yed-noo nots	dv^ye no-tsee	t'zhee no-tsee

How much is it per night...?
Kolik platíme za jednu noc...?
ko-leek pla-tee-me za yed-noo nots...

for a tent
za stan
za stan

for a car
za auto
za a^w-to

per person
za osobu
za o-so-boo

Are there toilet/showers?
Jsou tu záchody/sprchy?
yso^w too za-kho-dee/sprr-khee

Is there a shop/restaurant?
Je tu obchod/restaurace?
ye too ob-khod/res-ta^w-ra-tse

Where is the drinking water?
Kde je pitná voda?
kde ye peet-na vo-da

Is there hot water?
Je tu horká voda?
ye too hor-ka vo-da

■ YOU MAY HEAR

Tohle je vaše číslo
toh-le ye va-she chees-lo
This is your number

Pověste si to na stan
po-v^yes-te see to na stan
Place it on your tent

■ ACCOMMODATION ■ SIGHTSEEING & TOURIST OFFICE

If your car breaks down, dial 154 for Prague, 0123 for other parts of the country. ÚAMK is the Czech equivalent to the AA. You should use a breakdown triangle. Garages tend to specialize in particular makes of car.

My car has broken down
Mám porouchané auto
mam po-ro^w-kha-ne a^w-to

Can you help me?
Můžete mi pomoct?
moo-zhe-te mee po-motst

I've run out of petrol
Došel mi benzín
do-shel mee ben-zeen

The battery is flat
Mám vybitou baterii
mam vee-bee-to^w ba-te-ree-yee

The engine won't start
Nemohu nastartovat
ne-mo-hoo nas-tar-to-vat

I don't know what's wrong
Nevím, co s tím je
ne-veem tso s teem ye

The engine is overheating
Motor se přehřívá
mo-tor se p'zheh-'zhee-va

I have a flat tyre
Mám píchlou pneumatiku
mam pee-khlo^w pne^w-ma-tee-koo

Where is the nearest garage?
Kde je nejbližší autoservis?
kde ye ney-bleezh-shee a^w-to-ser-vees

Can you repair it?
Můžete to opravit?
moo-zhe-te to op-ra-veet

How long will it take?
Jak dlouho to bude trvat?
yak dlo^w-ho to boo-de trr-vat

How much will it cost?
Kolik to bude stát?
ko-leek to boo-de stat

■ CAR–PARTS/PETROL STATION ■ REPAIRS

19

The main road signs are international and the speed limits are: motorway –110 km/h; built-up areas – 60 km/h; other roads – 90 km/h. In cases of speeding or drunken driving, police will give on-the-spot fines. No alcohol is allowed when driving in the Czech Republic. For motorways you need a sticker dálniční nálepka available at the border or at post offices.

centrum	TOWN CENTRE
dálnice	MOTORWAY
dej přednost v jízdě	GIVE WAY
jednosměrná ulice	ONE-WAY STREET
nebezpečí	DANGER
objížďka	DIVERSION
omezená rychlost	SPEED LIMIT
silnice uzavřena	ROAD CLOSED

Can I park here?
Mohu zde zaparkovat?
mo-hoo zde za-par-ko-vat

How long for?
Jak dlouho?
yak dlo^w-ho

Where can I park?
Kde mohu zaparkovat?
kde mo-hoo za-par-ko-vat

Do I need a parking disk?
Potřebuji povolení k parkování?
pot-^rzhe-boo-yee po-vo-le-<u>nee</u> k par-ko-va-<u>nee</u>

We're driving to...
Jedeme do...
ye-de-me do...

Is the road good?
Je to dobrá silnice?
ye to dob-r<u>a</u> seel-nee-tse

■ YOU MAY HEAR

Váš řidičský průkaz
v<u>a</u>sh ^rzhee-deech-sk<u>ee</u> pr<u>oo</u>-kaz
Your driving licence

Tady nesmíte parkovat
ta-dee nes-m<u>ee</u>-te par-ko-vat
You can't park here

Big car hire firms can be found at Prague airport or in the city centre. For addresses consult the Yellow Pages. UK driving licence holders do not require an international driving licence, but the minimum driving age is 21. You need a credit card to pay the big firms; small local firms are usually much cheaper.

KEYS	klíče
INSURANCE DOCUMENTS	doklady o pojištění auta
DRIVING LICENCE	řidičský průkaz

I want to hire a car
  Chci si pronajmout auto
  khtsee see pro-naY-mo^wt a^w-to

Where can I hire a car?
  Kde si mohu pronajmout auto?
  kde see mo-hoo pro-naY-mo^wt a^w-to

a small car
  malé auto
  ma-le a^w-to

a large car
  velké auto
  vel-ke a^w-to

with airconditioning
  s klimatizací
  s klee-ma-tee-za-tsee

for 1 day
  na jeden den
  na ye-den den

for 2/3 days
  na dva/tři dny
  na dva/t'zhee dnee

for 1 week
  na týden
  na tee-den

Is there a deposit to pay?
  Je nutné zaplatit zálohu?
  ye noot-ne zap-la-teet za-lo-hoo

Is insurance included?
  Je pojištění zahrnuto v ceně?
  ye po-yeesh-t'e-nee za-hrr-noo-to v tse-n'e

Is there a charge per kilometre?
  Platí se podle kilometru?
  pla-tee se pod-le kee-lo-met-roo

What petrol does it take?
  Na jaký benzín to jezdí?
  na ya-kee ben-zeen to yez-dee

We will both be driving
  Oba dva budeme řídit
  o-ba dva boo-de-me 'zhee-deet

What time do you close?
  V kolik hodin zavíráte?
  vko-leek ho-deen za-vee-ra-te

■CAR–BREAKDOWN/PETROL STATION

The ... doesn't work   **The ... don't work**
... nefunguje   ... nefungují
... ne-foon-goo-ye   ... ne-foon-goo-<u>yee</u>

■ **PARTS**

accelerator plyn *pleen*

alternator alternátor *al-ter-n<u>a</u>-tor*

battery baterie *ba-te-ree-ye*

brakes brzdy *brrz-dee*

choke sytič *see-teech*

clutch spojka *spoy-ka*

engine motor *mo-tor*

exhaust pipe výfuk *v<u>ee</u>-fook*

fuse pojistka *po-yeest-ka*

gears rychlosti *reekh-los-tee*

handbrake ruční brzda *rooch-nee brrz-da*

headlights přední světla *p^rzhed-n<u>ee</u> sv^yet-la*

ignition zapalování *za-pa-lo-v<u>a</u>-n<u>ee</u>*

indicator blinkr *bleen-krr*

locks zámky *z<u>a</u>m-kee*

radiator topení *to-pe-n<u>ee</u>*

reverse gear zpátečka *zp<u>a</u>-tech-ka*

seat belt bezpečnostní pásy *bez-pech-nost-n<u>ee</u> p<u>a</u>-see*

spark plug svíčka *sv<u>ee</u>ch-ka*

steering řízení *^rzh<u>ee</u>-ze-n<u>ee</u>*

steering wheel volant *vo-lant*

tyre pneumatika *pne^w-ma-tee-ka*

wheel kolo *ko-lo*

windscreen přední sklo *p^rzhed-n<u>ee</u> sklo*

windscreen wiper stěrač předního skla *st^ye-rach p^rzhed-n<u>ee</u>-ho skla*

■ **CAR–DRIVING/PARTS**

There are lots of petrol stations, some open 24 hours a day. In more remote areas they close for lunch. They are self-service and most of them sell unleaded petrol. Sometimes they include a shop/toilets. They take credit cards as well as cash.

PETROL STATION	čerpací stanice
PETROL	benzín
DIESEL	nafta
UNLEADED PETROL	bezolovnatý benzín/natural

Where is the nearest petrol station?
Kde je nejbližší čerpací stanice?
kde ye ney-bleezh-shee cher-pa-tsee sta-nee-tse

Please check the oil
Zkontrolujte olej, prosím
zkon-tro-looy-te o-ley pro-seem

Please check the water
Zkontrolujte vodu, prosím
zkon-tro-looy-te vo-doo pro-seem

Please check the tyres
Zkontrolujte pneumatiky, prosím
zkon-tro-looy-te pneʷ-ma-tee-kee pro-seem

Can I pay by credit card?
Mohu platit kreditní kartou?
mo-hoo pla-teet kre-deet-nee kar-toʷ

■ YOU MAY HEAR

U kterého stojanu jste tankoval?
oo kte-re-ho sto-ya-noo yste tan-ko-val
Which pump did you use?

Nemáme...
ne-ma-me...
We have no...

Potřebujete doplnit olej/vodu/vzduch
pot-'zhe-boo-ye-te do-pl-neet o-ley/vo-doo/vzdookh
You need some oil/water/air

■ CAR–BREAKDOWNS/DRIVING/HIRE

23

Look out for leather and silk goods. The word for clothes size is **velikost**. Shoe size is **číslo**.

women

sizes	
UK	EU
10	36
12	38
14	40
16	42
18	44

men – suits

sizes	
UK	EU
36	46
38	48
40	50
42	52
44	54

shoes

sizes			
UK	EU	UK	EU
2	35	8	42
3	36	9	43
4	37	10	44
5	38	11	45
6	39		

Can I try this on?
Mohu si to vyzkoušet?
mo-hoo see to veez-kow-shet

It's for me
Je to pro mě
ye to pro mnYe

Do you have this in other colours?
Máte to i v jiných barvách?
ma-te to ee v yee-neekh bar-vakh

It's too expensive
Je to příliš drahé
ye to p'zhee-leesh dra-he

No thanks, I don't want to buy it
Ne děkuji, nekoupím si to
ne dYe-koo-yee ne-kow-peem see to

It's a present
Je to dárek
ye to da-rek

Is it leather/silk?
Je to kůže/hedvábí?
ye to koo-zhe/hed-va-bee

It's too big/small
Je to příliš velké/malé
ye to p'zhee-leesh vel-ke/ma-le

■ **YOU MAY HEAR**

Sluší vám to
sloo-shee vam to
It suits you

To vám nesluší
to vam nes-loo-shee
It doesn't suit you

■ **NUMBERS** ■ **PAYING** ■ **SHOPPING**

COTTON	bavlna	
LEATHER	kůže	
SILK	hedvábí	
WOOL	vlna	

belt	pásek	pa-sek
blouse	blůza	bloo-za
bra	podprsenka	pod-prr-sen-ka
coat	kabát	ka-bat
dress	šaty	sha-tee
hat	klobouk	klo-bowk
jacket	bunda	boon-da
knickers	kalhotky	kal-hot-kee
nightdress	noční košile	noch-nee ko-shee-le
pyjamas	pyžamo	pee-zha-mo
sandals	sandály	san-da-lee
scarf (silk)	hedvábný šátek	hed-vab-nee sha-tek
scarf (wool)	šála	sha-la
shirt	košile	ko-shee-le
shorts	šortky	short-kee
skirt	sukně	sook-nye
socks	ponožky	po-nozh-kee
suit (man's)	oblek	ob-lek
suit (woman's)	kostým	kos-teem
swimsuit	plavky	plav-kee
tie	kravata	kra-va-ta
tights	punčochové kalhoty	poon-cho-kho-ve kal-ho-tee
t-shirt	tričko	treech-ko
track suit	tepláková souprava	tep-la-ko-va sow-pra-va
trousers	kalhoty	kal-ho-tee
underpants	slipy	slee-pee

Two key words for describing colours in Czech are:

svétlý (sv^yet-<u>lee</u>) **light**   **tmavý** (tma-<u>vee</u>) **dark**

■ COLOURS

black	černý	cher-<u>nee</u>
blue	modrý	mod-<u>ree</u>
brown	hnědý	hn^ye-<u>dee</u>
green	zelený	ze-le-<u>nee</u>
grey	šedý	she-<u>dee</u>
orange	oranžový	o-ran-zho-<u>vee</u>
pink	růžový	<u>roo</u>-zho-vee
purple	fialový	fee-ya-lo-<u>vee</u>
red	červený	cher-ve-<u>nee</u>
white	bílý	<u>bee</u>-lee
yellow	žlutý	zhloo-<u>tee</u>

■ SHAPES

big	velký	vel-<u>kee</u>
flat	plochý	plo-<u>khee</u>
large	velký	vel-<u>kee</u>
long	dlouhý	dlo^w-hee
narrow	úzký	<u>ooz</u>-kee
round	kulatý	koo-la-<u>tee</u>
small	malý	ma-<u>lee</u>
square	čtverhranný	chtver-hra-<u>nee</u>
tall	vysoký	vee-so-<u>kee</u>
thin	tenký	ten-<u>kee</u>
tiny	malinký	ma-leen-<u>kee</u>
wide	široký	shee-ro-<u>kee</u>

There are official complaints forms/books in hotels, restaurants, etc. You need a receipt when returning goods in shops.

This doesn't work
To nefunguje
to ne-foon-goo-ye

The ... doesn't work
... nefunguje
... ne-foon-goo-ye

light	**heating**	**airconditioning**	**toilet**
světlo	topení	klimatizace	záchod
svět-lo	*to-pe-nee*	*klee-ma-tee-za-tse*	*za-khod*

The room is dirty
Pokoj je špinavý
po-koy ye shpee-na-vee

The room is too hot
V pokoji je příliš teplo
vpo-ko-yee ye pᶻhee-leesh tep-lo

The room is too noisy
Pokoj je příliš hlučný
po-koy ye pᶻhee-leesh hlooch-nee

I didn't order this
Tohle jsem si neobjednal
to-hle ysem see ne-ob-yed-nal

It is broken
Je to rozbité
ye to roz-bee-te

I want my money back
Chci zpátky peníze
khtsee zpat-kee pe-nee-ze

I want to complain
Chci si stěžovat
khtsee see stᶻe-zho-vat

Please call the manager
Zavolejte vedoucího, prosím
za-vo-ley-te ve-doᵂ-tsee-ho pro-seem

This is cold
To je studené
to ye stoo-de-ne

This is burnt
To je spálené
to ye spa-le-ne

The room has not been cleaned
Nikdo v pokoji neuklidil
neek-do v po-ko-yee neᵂk-lee-deel

The bill is not correct
Ten účet není v pořádku
ten oo-chet ne-nee v po-ᶻzhad-koo

■ **PROBLEMS** ■ **REPAIRS** ■ **ROOM SERVICE**

27

The limits for alcohol and tobacco are the same as for the EU.
Goods worth up to £70 can be imported free. Presents can be
exported without limit, apart from antiques and weapons. When
entering the country, you have to change a minimum of 500 **Kč** for
each day of your stay.

PASSPORT	pas
CUSTOMS CONTROL	celní kontrola
ALCOHOL	alkohol
TOBACCO	tabák
DRUGS	drogy

Do I have to pay duty on this?
Musím za to platit clo?
moo-<u>see</u>m za to pla-teet tslo

It is a gift
To je dárek
to ye d<u>a</u>-rek

I bought this in Britain
To jsem koupil(a) v Británii
to ysem ko^w-peel(a) v bree-t<u>a</u>-nee-yee

It is my medicine
To je můj lék
to ye m<u>oo</u>y l<u>e</u>k

The children are on this passport
Děti jsou zapsané v tomto pase
d^ye-tee yso^w zap-sa-n<u>e</u> v tom-to pa-se

I bought this duty-free
Koupil(a) jsem to bez cla
ko^w-peel(a) ysem to bez tsla

I bought this duty-paid
Koupil(a) jsem to se clem
ko^w-peel(a) ysem to se tslem

■ DAYS

Monday pondělí *pon-dʸe-lee*
Tuesday úterý *oo-te-ree*
Wednesday středa *stʳzhe-da*
Thursday čtvrtek *chvrr-tek*
Friday pátek *pa-tek*
Saturday sobota *so-bo-ta*
Sunday neděle *ne-dʸe-le*

■ MONTHS

January leden *le-den*
February únor *oo-nor*
March březen *bʳzhe-zen*
April duben *doo-ben*
May květen *kvʸe-ten*
June červen *cher-ven*
July červenec *cher-ve-nets*
August srpen *srr-pen*
September září *za-ʳzhee*
October říjen *ʳzhee-yen*
November listopad *lee-sto-pad*
December prosinec *pro-see-nets*

■ SEASONS

spring jaro *ya-ro*
summer léto *le-to*
autumn podzim *pod-zeem*
winter zima *zee-ma*

What's the date today?
Kolikátého je dnes?
ko-lee-ka-te-ho ye dnes

It's the 10th of March
Je desátého března
ye de-sa-te-ho bʳzhez-na

Dentists are listed in the Yellow Pages. Payment is usually made in cash. Dental service is not cheap and the standard of treatment varies.

FILLING	plomba
CROWN	korunka
DENTURES	zubní protézy
INJECTION	injekce

I need to see a dentist
Musím jít k zubaři
moo-<u>seem</u> <u>yeet</u> k zoo-ba-^rzhee

He/She has toothache
Bolí ho zub
bo-<u>lee</u> ho zoob

This hurts
To bolí
to bo-<u>lee</u>

Can you repair my dentures?
Můžete mi opravit zubní protézy?
m<u>oo</u>-zhe-te mee op-ra-veet zoob-<u>nee</u> pro-te-zee

My filling has come out
Vypadla mi plomba
vee-pad-la mee plom-ba

My crown has come out
Vypadla mi korunka
vee-pad-la mee ko-roon-ka

It's an emergency
Je to naléhavé
ye to na-<u>le</u>-ha-v<u>e</u>

Can you repair it?
Můžete mi to opravit?
m<u>oo</u>-zhe-te mee to op-ra-veet

How much will it be?
Kolik to bude stát?
ko-leek to boo-de stat

I need a receipt for my insurance
Potřebuji doklad o zaplacení pro svou pojišťovnu
pot-^rzhe-boo-yee dok-lad o zap-la-tse-<u>nee</u> pro svo^w po-yeesh-t^yov-noo

■ DOCTOR ■ PHARMACY

If you want to stop someone in the street and ask directions, you should attract their attention with Promiňte, prosím! *(excuse me!).*

RIGHT	vpravo
LEFT	vlevo
STRAIGHT ON	rovně
OPPOSITE	naproti
TRAFFIC LIGHTS	semafor
BRIDGE	most
SQUARE	náměstí

How do I get to...?
Jak se dostanu na/do...?
yak se dos-ta-noo na/do...

to Charles Bridge
na Karlův most
na kar-loov most

to the station
na nádraží
na nad-ra-zhee

to the market
na trh
na trr-h

to Wenceslas Square
na Václavské náměstí
na vats-lav-ske na-mnYes-tee

Where is...?
Kde je...?
kde ye...

We're lost
Zabloudili jsme
zab-low-dee-lee ysme

I don't know how to get to...
Nevím, jak se dostanu na/do...
ne-veem yak se dos-ta-noo na/do...

Is this the right way?
Jdu správně?
ydoo sprav-nYe

Is it far?
Je to daleko?
ye to da-le-ko

Can we walk there?
Dá se tam jít pěšky?
da se tam yeet pYesh-kee

Can you show me on the map?
Můžete mi to ukázat na mapě?
moo-zhe-te mee to oo-ka-zat na ma-pYe

■ **YOU MAY HEAR**

Zahněte doprava
za-hnYe-te dop-ra-va
Turn right

Zahněte doleva
za-hnYe-te do-le-va
Turn left

Jděte rovně
ydYe-te rov-nYe
Keep straight on

■ **BASICS** ■ **MAPS & GUIDES**

The approach to disabled people has changed in recent years. Generally, however, there are still not many facilities, apart from newly-built or renovated hotels which cater for the disabled.

Are there facilities for the disabled?
Je tu vybavení pro zdravotně postižené?
ye too vee-ba-ve-n<u>ee</u> pro zdra-vot-n^ye pos-tee-zhe-n<u>e</u>

Is there a toilet for the disabled?
Je tu záchod pro zdravotně postižené?
ye too z<u>a</u>-khod pro zdra-vot-n^ye pos-tee-zhe-n<u>e</u>

I want a room on the ground floor
Chci pokoj v přízemí
khtsee po-koy v p^rz<u>hee</u>-ze-m<u>ee</u>

My partner/friend *(male)* is in a wheelchair
Můj partner/přítel je na vozíčku
m<u>oo</u>^y part-ner/p^rz<u>hee</u>-tel ye na vo-z<u>ee</u>ch-koo

My partner/friend *(female)* is in a wheelchair
Moje partnerka/přítelkyně je na vozíčku
mo-ye part-ner-ka/p^rz<u>hee</u>-tel-kee-n^ye ye na vo-z<u>ee</u>ch-koo

I'm in a wheelchair	Is there a lift?	Where is the lift?
Jsem na vozíčku	**Je tu výtah?**	**Kde je výtah?**
ysem na vo-z<u>ee</u>ch-koo	ye too v<u>ee</u>-ta-h	kde ye v<u>ee</u>-ta-h

Are there many stairs?
Je tu hodně schodů?
ye too hod-n^ye skho-d<u>oo</u>

Is there a reduction for the disabled?
Je tu sleva pro vozíčkáře?
ye too sle-va pro vo-z<u>ee</u>ch-ka-^rzhe

I'm deaf
Jsem hluchý
ysem hloo-kh<u>ee</u>

■**ACCOMMODATION** ■**HOTEL DESK**

The telephone directory lists doctors' addresses. Most doctors will speak some English and in cases of emergency recommend you to a hospital. You are usually required to pay for treatment in cash.

HOSPITAL	nemocnice
CASUALTY DEPARTMENT	oddělení úrazů
PRESCRIPTION	předpis
EMERGENCY	naléhavý případ
AMBULANCE	sanitka
APPOINTMENT	objednání k lékaři

I have to see a doctor
Musím jít k doktorovi
moo-<u>seem</u> <u>yeet</u> k do-kto-ro-vee

I have a pain here
Bolí mně tady
bo-<u>lee</u> mnʸe ta-dee

My son is ill
Můj syn je nemocný
m<u>ooy</u> seen ye ne-mots-n<u>ee</u>

My daughter is ill
Moje dcera je nemocná
mo-ye dtse-ra ye ne-mots-n<u>a</u>

Can I make an appointment?
Mohu se objednat?
mo-hoo se ob-yed-nat

I would prefer to see a woman doctor
Raději bych navštívila doktorku
ra-dʸe-yee beekh nav-sht<u>ee</u>-vee-la dok-tor-koo

I'm on the Pill
Beru antikoncepci
be-roo an-tee-kon-tsep-tsee

I'm pregnant
Jsem těhotná
ysem tʸe-hot-n<u>a</u>

I'm allergic to...
Jsem alergický(á) na...
ysem a-ler-geets-k<u>ee</u>(a) na...

penicillin
penicilín
pe-nee-tsee-<u>leen</u>

bee stings
včelí bodnutí
vche-<u>lee</u> bod-noo-<u>tee</u>

CONT...

Will he/she have to go to hospital?
Bude muset jít do nemocnice?
boo-de moo-set yeet do ne-mots-nee-tse

I've been vaccinated
Byl(a) jsem očkován(a)
beel(a) ysem och-ko-van(a)

I've not been vaccinated
Nebyl(a) jsem očkován(a)
ne-beel(a) ysem och-ko-van(a)

I need a tetanus injection
Potřebuji protitetanovou injekci
pot-ʳzhe-boo-yee pro-tee-te-ta-no-voʷ een-yek-tsee

Here are the drugs I'm taking
Tady jsou léky, které beru
ta-dee ysoʷ le-kee kte-re be-roo

I have diarrhoea
Mám průjem
mam proo-yem

I think it's food poisoning
Myslím, že to je otrava jídlem
mees-leem zhe to ye ot-ra-va yeed-lem

I have high blood pressure
Mám vysoký krevní tlak
mam vee-so-kee krev-nee tlak

I'm diabetic
Jsem diabetik
ysem dee-ya-be-teek

(female)
Jsem diabetička
ysem dee-ya-be-teech-ka

I need insulin
Potřebuji inzulín
pot-ʳzhe-boo-yee een-zoo-leen

He/She needs insulin
Potřebuje inzulín
pot-ʳzhe-boo-ye een-zoo-leen

■ BODY ■ DENTIST ■ EMERGENCIES ■ PHARMACY

People normally drink coffee, soft drinks, mineral water or beer during the day and with meals. If you want to drink beer, go to a **hospoda** *or* **pivnice** *(types of pub), for wine try a* **vinárna** *and for coffee a* **kavárna**. *Places serving tea* **čajovny** *have become more popular in Prague recently.*

a tea	a beer	2 teas	2 cappuccinos	please
čaj	**pivo**	**dva čaje**	**dvě cappuccina**	**prosím**
chaʸ	pee-vo	dva cha-ye	dvʸe ka-poo-chee-na	pro-<u>see</u>m

Do you have...?	beer	tea	cappuccino
Máte...?	**pivo**	**čaj**	**cappuccino**
m<u>a</u>-te...	pee-vo	chaʸ	ka-poo-ch<u>ee</u>-no

another ... please	another beer	another coffee
ještě ... prosím	**ještě pivo**	**ještě kávu**
yesh-tʸe ... pro-<u>see</u>m	yesh-tʸe pee-vo	yesh-tʸe k<u>a</u>-voo

a white coffee	a black coffee
káva s mlékem	**černá káva**
k<u>a</u>-va s ml<u>e</u>-kem	cher-n<u>a</u> k<u>a</u>-va

with milk	with sugar	without sugar
s mlékem	**s cukrem**	**bez cukru**
s ml<u>e</u>-kem	s tsook-rem	bez tsook-roo

with lemon	with ice
s citrónem	**s ledem**
s tsee-tr<u>o</u>-nem	s le-dem

a bottle of mineral water	sparkling	still
láhev minerálky	**perlivá**	**neperlivá**
l<u>a</u>-hev mee-ne-r<u>a</u>l-kee	per-lee-v<u>a</u>	ne-per-lee-v<u>a</u>

for him	for her	for us
pro něho	**pro ni**	**pro nás**
pro nʸe-ho	pro nee	pro n<u>a</u>s

Would you like a drink?
Dáte si něco k pití?
d<u>a</u>-te see nʸe-tso k pee-t<u>ee</u>

■ **EATING OUT** ■ **WINES, BEERS & SPIRITS**

35

For Czech families the main meal of the day is lunch (**oběd**), between 1200 and 1400. Breakfast (**snídaně**) is between 0700 and 0900 and dinner (**večeře**) is usually something cold. Breakfast is not considered an important meal; it's usually bread, rolls, butter, jam or honey with tea or milk. For lunch people tend to have a hot meal – soup, meat with potatoes and some vegetables. At weekends lunch is more elaborate, always including soup, main course and dessert. For dinner there would be bread with cheese, salami or eggs. If the Czechs go out for an evening (at about 1900) meal, they take the children too. Traditionally, Czech food is mainly meat-based, with as few vegetables as possible! This tendency is rapidly changing, though (see also VEGETARIAN).

■ EATING PLACES

bufet self-service snack bar serving simple hot and cold snacks, often eaten standing up

cukrárna sweet shop serving cakes, ice cream, soft drinks, coffee and tea; some function as cafés, some are just take-aways

hospoda typical Czech beer hall with basic, traditional Czech dishes.

kavárna café serving coffee, cakes, various refreshments, alcoholic and non-alcoholic drinks

restaurace restaurant serving set-price meals and drinks. They are given category ratings according to the standard. Category No. I is the most luxurious.

snack bar bar/bistro with quick cold dishes

vinárna restaurant serving set-price menu with a wide range of wines

MENU	jídelní lístek
READY MADE DISHES	hotová jídla
À LA CARTE	na objednávku
BILL	účet

Where can we have lunch?
Kde se můžeme naobědvat?
kde se m<u>oo</u>-zhe-me na-ob-<u>y</u>ed-vat

not too expensive
ne příliš drahé
ne p<u>r</u>zhee-leesh dra-he

Where can we have dinner?
Kde se můžeme navečeřet?
kde se m<u>oo</u>-zhe-me na-ve-che-<u>r</u>zhet

Is there a snack bar?
Je tu někde snack bar?
ye too n<u>y</u>ek-de snek bar

Is there a good restaurant?
Je tu někde dobrá restaurace?
ye too n<u>y</u>ek-de dob-r<u>a</u> res-ta<u>w</u>-ra-tse

Where is the restaurant?
Kde je ta restaurace?
kde ye ta res-ta<u>w</u>-ra-tse

A table...   **for 2/3/4**   **please**
Stůl...   **pro dva/tři/čtyři**   **prosím**
st<u>oo</u>l...   *pro dva/t<u>r</u>zhee/chtee-<u>r</u>zhee*   *pro-s<u>ee</u>m*

The menu, please
Jídelní lístek, prosím
y<u>ee</u>-del-n<u>ee</u> l<u>ee</u>s-tek pro-s<u>ee</u>m

Is there a dish of the day?
Máte jídlo dne?
m<u>a</u>-te y<u>ee</u>d-lo dne

Does this include vegetables?
Je to včetně zeleniny?
ye to vchet-n<u>y</u>e ze-le-nee-nee

What is this?
Co to je?
tso to ye

CONT...

I'd like this
Chtěl(a) bych tohle
kht^yel(a) beekh to-hle

with chips
s hranolky
s hra-nol-kee

with salad
se salátem
se sa-la-tem

no onion, please
bez cibule, prosím
bez tsee-boo-le pro-seem

no tomatoes, please
bez rajčat, prosím
bez ra^y-chat pro-seem

no garlic, please
bez česneku, prosím
bez ches-ne-koo pro-seem

no meat, please
bez masa, prosím
bez ma-sa pro-seem

Excuse me!
Promiňte!
pro-meen^y-te

Please bring...
Přineste prosím...
p^rzhe-nes-te pro-seem...

more bread
ještě chleba
yesh-t^ye khle-ba

more water
ještě vodu
yesh-t^ye vo-doo

another bottle
další láhev
dal-shee la-hev

another glass
další skleničku
dal-shee skle-neech-koo

The bill, please
Účet, prosím
oo-chet pro-seem

This is delicious
Je to výborné
ye to vee-bor-ne

■ **YOU MAY HEAR**

Platíte dohromady nebo zvlášť?
pla-tee-te do-hro-ma-dee ne-bo zvlasht^y
Will you pay together or separately?

■ STARTERS předkrmy

ďábelské tousty *devil's toasts (with spicy spread)*
plněná vejce *hard boiled eggs with tartare sauce*
pražská šunka s okurkou *Prague ham with pickles*
ruská vejce *hard-boiled eggs with potato salad*
šunková rolka *ham roll with whipped cream and horseradish*
uherský salám *Hungarian salami*

■ SOUPS polévky

bramborová polévka *potato soup (often with other vegetables)*
cibulová polévka *onion soup*
čočková polévka *lentil soup*
fazolová polévka *bean soup*
gulášová polévka *thick soup with pieces of beef and potatoes*
houbová polévka *mushroom soup with potatoes and cream*
hovězí polévka *beef soup with noodles*
hrachová polévka *pea soup*
pórková polévka *leek soup*
rajská polévka *tomato soup*
zelňačka *local sauerkraut soup with cream*

■ MAIN COURSES hlavní jídla

biftek se šunkou a vejci *minute steak with ham and egg*
čočka s vejcem *lentils with egg*
grilovaná masová směs *mixed grill*
hovězí guláš *stewed beef with paprika (spicy)*
hovězí maso s koprovou omáčkou *beef in dill cream sauce*
hovězí maso s rajskou omáčkou *beef cooked in tomato sauce*
husa *goose*
játra na roštu *grilled liver*
kachna *duck*

CONT...

králík *rabbit*
kuře na paprice *chicken paprika (spicy)*
kuřecí prsíčka *chicken breast*
losos *salmon*
masový špíz *meat cooked on skewer*
opečená klobása *roast smoked sausage*
omeleta *omelette with various filling*
párek *frankfurters*
pečená kachna *roast duck*
pečené kuře *roast chicken*
pstruh na másle *trout sautéed in butter*
rizoto *risotto with meat and vegetables*
smažená jatra *fried liver*
smažené filé *fried fillet of fish*
smažené žampióny *champignons fried in breadcrumbs*
smažený kapr *carp fried in breadcrumbs*
smažený sýr *cheese fried in breadcrumbs*
svíčková pečeně *beef sirloin in cream sauce*
španělský ptáček *beef roll stuffed with eggs, bacon and gherkins*
telecí *veal*
uzené maso *boiled smoked pork*
vepřová kotleta *pork chop*
vepřová pečeně se zelím *roast pork with shredded pickled white cabbage*
vepřový řízek *Wiener schnitzel – pork escalope fried in breadcrumbs*
vepřové žebírko *spare rib*
zvěřina *game*

■ SIDE DISHES přílohy

bramborák *potato pancake*
bramborová kaše *potato purée*
bramborové knedlíky *potato dumplings*

bramborový salát *potato salad*
bramborý pečené *baked potatoes*
bramborý vařené *boiled potatoes*
hranolky *chips*
knedlíky *Czech bread dumplings*
pečivo *bread rolls*
rýže *stewed rice*
smažené krokety *fried potato croquettes*
šunková rýže *ham rice*
těstoviny *pasta*

■ SALADS saláty

míchaný salát *mixed salad*
mrkvový salát s jablky *carrots with apples*
okurkový salát *cucumber salad*
rajčatový salát *tomato salad*
šopský salát *Greek salad*
zelný salát *shredded white cabbage salad*

■ DESSERTS moučníky

dorty *cakes*
jablečný závin *apple strudel*
krém karamel *crème caramel*
ovoce *fruit*
ovocné knedlíky *dumplings filled with fruit and served with cottage cheese*
 ... švestkové *plum filling*
 ... meruňkové *apricot filling*
ovocný salát *fruit salad*
palačinky se šlehačkou *pancakes with fruit and whipped cream*
piškot se šlehačkou *sponge roll with whipped cream*
zmrzlinový pohár *ice cream sundae*

■ DRINKING ■ VEGETARIAN ■ WINES, BEERS & SPIRITS

POLICE	policie	**158** (emergency phone no.)
FIRE BRIGADE	požárníci	**150** (emergency phone no.)
AMBULANCE	sanitka	**155** (emergency phone no.)
DOCTOR	doktor	

Help!
Pomoc!
po-mots

Fire!
Hoří!
ho-ʳzhee

There's been an accident
Stala se nehoda
sta-la se ne-ho-da

Please help me
Pomozte mi, prosím
po-moz-te mee pro-seem

Please call the police
Zavolejte policii, prosím
za-vo-ley-te po-lee-tsee-yee pro-seem

Please call the fire brigade
Zavolejte požárníky, prosím
za-vo-ley-te po-zhar-nee-kee pro-seem

Call an ambulance
Zavolejte sanitku
za-vo-ley-te sa-neet-koo

Call a doctor
Zavolejte doktora
za-vo-ley-te dok-to-ra

Please fetch a doctor
Přiveďte doktora, prosím
pʳzhee-vedʸ-te dok-to-ra pro-seem

Someone has been injured
Někdo byl zraněn
nʸek-do beel zra-nʸen

He/She was knocked down by a car
Byl/Byla poražen(a) autem
beel/bee-la po-ra-zhe-n(a) aʷ-tem

ENGLISH-CZECH EMERGENCIES

Where is the police station?
Kde je policejní stanice?
kde ye po-lee-tsey-nee sta-nee-tse

I've been robbed
Byl(a) jsem okraden(a)
beel(a) ysem ok-ra-den(a)

I've been raped
Byla jsem znásilněna
bee-la ysem zna-seel-nʸe-na

Someone has stolen...
Někdo ukradl...
nʸek-do ook-ra-dl...

I've lost...
Ztratil(a) jsem...
ztra-teel(a) ysem...

my camera
fotoaparát
fo-to-a-pa-rat

my passport
pas
pas

my money
peníze
pe-nee-ze

my airticket
letenku
le-ten-koo

My son is missing
Můj syn se ztratil
mooy seen se ztra-teel

My daughter is missing
Moje dcera se ztratila
mo-ye dtse-ra se ztra-tee-la

His/Her name is...
Jmenuje se...
yme-noo-ye se...

I need a report for my insurance
Potřebuji hlášení kvůli pojištění
pot-ʳzhe-boo-yee hla-she-nee kvoo-lee po-yeesh-tʸe-nee

Please call the British / Australian Embassy
Zavolejte, prosím, britské / australské velvyslanectví
za-vo-ley-te pro-seem breet-ske / aʷs-tral-ske vel-vees-la-nets-tvee

■ BODY ■ DOCTOR

43

You can send faxes inexpensively from post offices, bureaux and big hotels. To fax the Czech Republic from the UK, the code is **00 42** followed by the area code, eg Prague **2**, Brno **4**, and the fax number. To fax the UK from the Czech Republic, the code is **00 44**.

FROM	od
TO	komu
DATE	datum
RE:	věc:
... PAGES INCLUDING THIS	... strany včetně této

I want to send a fax
Chci poslat fax
khtsee pos-lat faks

Where can I send a fax?
Kde mohu poslat fax?
kde mo-hoo pos-lat faks

Do you have a fax?
Máte fax?
ma-te faks

How much is it to send a fax?
Kolik stojí poslat fax?
ko-leek sto-yee pos-lat faks

What is your fax number?
Jaké je vaše číslo faxu?
ya-ke ye va-she chees-lo fak-soo

The fax number is...
Číslo faxu je...
chees-lo fak-soo ye...

I can't read the fax
Nemohu přečíst ten fax
ne-mo-hoo p'zhe-cheest ten faks

Please re-send the fax
Pošlete tento fax znovu, prosím
posh-le-te ten-to faks zno-voo pro-seem

■ NUMBERS ■ TELEPHONE

biscuits	sušenky	soo-shen-kee
bread	chleba	khle-ba
bread roll	rohlík	roh-leek
butter	máslo	mas-lo
cakes	zákusky/koláče	za-koos-kee/ko-la-che
cheese	sýr	seer
chicken	kuře	koo-ʳzhe
chocolate	čokoláda	cho-ko-la-da
coffee (instant)	káva (instantní)	ka-va (een-stan-tnee)
cream	smetana	sme-ta-na
crisps	brambůrky	bram-boor-kee
eggs	vajíčka	va-yeech-ka
fish	ryba	ree-ba
flour	mouka	moʷ-ka
ham	šunka	shoon-ka
honey	med	med
jam	džem	dzhem
lamb	jehněčí	yeh-nʸe-chee
margarine	margarín	mar-ga-reen
milk	mléko	mle-ko
olive oil	olivový olej	o-lee-vo-vee o-ley
orange juice	pomerančový džus	po-me-ran-cho-vee dzhoos
pasta	těstoviny	tʸes-to-vee-nee
pepper	pepř	pepʳzh
rice	rýže	ree-zhe
salt	sůl	sool
stock cubes	masox	ma-soks
sugar	cukr	tsoo-krr
tea	čaj	chaʸ
vinegar	ocet	o-tset
yoghurt	jogurt	yo-goort

■ FOOD–FRUIT/VEGETABLES

Where can I buy fruit?
Kde dostanu ovoce?
kde dos-ta-noo o-vo-tse

4 peaches, please
čtyři broskve, prosím
chtee-ʳzhee bros-kve pro-<u>see</u>m

half a kilo of cherries
půl kila třešní
<u>pool</u> kee-la tʳzhesh-n<u>ee</u>

2 lemons
dva citróny
dva tsee-tro-nee

■ FRUITS

apples	jablka	ya-bl-ka
apricots	meruňky	me-roonʸ-kee
bananas	banány	ba-na-nee
cherries	třešně	tʳzhesh-nʸe
dates	datle	dat-le
figs	fíky	<u>fee</u>-kee
grapefruit	grep	grep
grapes	hrozny	hroz-nee
lemons	citróny	tsee-tro-nee
melon	meloun	me-lo^wn
nectarines	nektarinky	nek-ta-reen-kee
oranges	pomeranče	po-me-ran-che
peaches	broskve	bros-kve
pears	hrušky	hroosh-kee
pineapple	ananas	a-na-nas
plums	švestky	shvest-kee
raspberries	maliny	ma-lee-nee
strawberries	jahody	ya-ho-dee

Where is the greengrocer's?
Kde je zelenina?
kde ye ze-le-nee-na

a kilo of potatoes
kilo brambor
kee-lo bram-bor

half a kilo of tomatoes
půl kila rajčat
pool kee-la ra^y-chat

Do you have bananas?
Máte banány?
ma-te ba-na-nee

■ VEGETABLES

asparagus	chřest	kh'zhest
aubergine	lilek	lee-lek
avocado	avokádo	a-vo-ka-do
beans	fazole	fa-zo-le
cabbage	zelí	ze-lee
carrots	mrkev	mrr-kev
cauliflower	květák	kv^ye-tak
garlic	česnek	ches-nek
leeks	pórek	po-rek
lettuce	salát	sa-lat
mushrooms	houby	ho^w-bee
onions	cibule	tsee-boo-le
peas	hrášek	hra-shek
peppers	papriky	pap-ree-kee
potatoes	brambory	bram-bo-ree
radishes	ředkvičky	'zhed-kveech-kee
spinach	špenát	shpe-nat
tomatoes	rajčata	ra^y-cha-ta

■ FOOD–GENERAL ■ MEASUREMENTS & QUANTITIES

*In both parts of the Czech Republic – Bohemia and Moravia –
people greet each other* **dobrý den** *(literally* **good day***) or* **ahoj**
(informal for **hi** *and* **bye***).*

hello *(formal)* **dobrý den** dob-<u>ree</u> den	*(informal)* **ahoj** a-hoy	**goodbye** **nashledanou** nas-hle-da-no^w
good morning **dobré ráno** dob-<u>re</u> <u>ra</u>-no	**Mr...** **Páne...** pa-ne...	**Mrs/Ms...** **Miss...** **Paní...** **Slečno...** pa-<u>nee</u>... slech-no...

good afternoon
dobré odpoledne
dob-<u>re</u> od-po-led-ne

good evening
dobrý večer
dob-<u>ree</u> ve-cher

goodnight
dobrou noc
dob-ro^w nots

hi/bye *(informal)*
ahoj
a-hoy

How do you do?/Pleased to meet you
Těší mě
t^ye-sh<u>ee</u> mn^ye

How are you? *(formal)* **Jak se máte?** yak se <u>ma</u>-te	**Fine, thanks** **Dobře, děkuji** dob-^rzhe d^ye-koo-yee	**and you?** **a vy?** a vee
How are you? *(informal)* **Jak se máš** yak se mash		*(informal)* **a ty?** a tee

■ BASICS ■ MAKING FRIENDS

48

Public holidays are as follows: January 1, Easter Monday, May 1, 8, July 5, 6, October 28 and December 25 and 26. On public holidays all shops are closed. Christmas is a family holiday celebrated on the evening of December 24 and then on the 25th and 26th. Easter is of less importance, but typical Czech customs are observed. Namedays (the feast of the saint bearing your own name) are often celebrated as well as birthdays. The main holiday season is July/August.

I'd like to wish you... *(formal)*
   Rád(a) bych vám popřál(a)...
   r<u>a</u>d(a) beekh v<u>a</u>m pop-ʳzh<u>a</u>l(a)...

(informal)
   Rád(a) bych ti popřál(a)...
   r<u>a</u>d(a) beekh tee pop-ʳzh<u>a</u>l(a)...

Happy Birthday!
   Všechno nejlepší k narozeninám!
   vshekh-no ney-lep-sh<u>ee</u> k na-ro-ze-nee-n<u>a</u>m

Cheers!
   Na zdraví!
   na zdra-v<u>ee</u>

Congratulations!
   Blahopřeji!
   bla-hop-ʳzhe-yee

Happy New Year!
   Šťastný Nový rok!
   sht^yas-tn<u>ee</u> no-v<u>ee</u> rok

Have a good trip!
   Šťastnou cestu!
   sht^yas-tno^w tses-too

Welcome
   Vítejte
   v<u>ee</u>-tey-te

(reply to this)
   děkuji
   d^ye-koo-yee

Happy Easter!
   Veselé Velikonoce!
   ve-se-l<u>e</u> ve-lee-ko-no-tse

Merry Christmas!
   Veselé Vánoce!
   ve-se-l<u>e</u> v<u>a</u>-no-tse

Bon appetit
   Dobrou chuť
   dob-ro^w khoot^y

(reply to this)
   děkuji
   d^ye-koo-yee

These phrases are intended for use at the hotel desk. More details about rooms can be found in the ACCOMMODATION topic.

I've reserved...
Rezervoval(a) jsem si...
re-zer-vo-val(a) ysem see...

a room
pokoj
po-koy

My name is...
Jmenuji se...
yme-noo-yee se...

Please can I see the room
Mohu si prohlédnout ten pokoj
mo-hoo see proh-led-no^{w}t ten po-koy

I don't want this room
Nechci tento pokoj
nekh-tsee ten-to po-koy

Have you a different room?
Máte jiný pokoj?
ma-te yee-nee po-koy

Where can I park the car?
Kde si mohu zaparkovat auto?
kde see mo-hoo za-par-ko-vat a^w-to

What time is breakfast?
V kolik hodin je snídaně?
vko-leek ho-deen ye snee-da-n^{y}e

What time is dinner?
V kolik hodin je večeře?
vko-leek ho-deen ye ve-che-^{r}zhe

The key, please
Klíč, prosím
kleech pro-seem

Room number...
Číslo pokoje...
chee-slo po-ko-ye...

We will be back late
Vrátíme se pozdě
vra-tee-me se poz-d^{y}e

Are there any messages for me?
Nechal mi tu někdo vzkaz?
ne-khal mee too n^{y}ek-do vzkaz

I'm leaving tomorrow
Zítra odjíždím
zeet-ra od-yeezh-deem

I'd like the bill
Chtěl(a) bych účet
kht^{y}el(a) beekh oo-chet

■ ACCOMMODATION ■ ROOM SERVICE

Big hotels usually have a laundry service. Otherwise you can find launderettes in large towns.

WASHING POWDER	prací prášek
LAUNDERETTE	Pradlenka
DRY CLEANER'S	čistírna

Where can I wash some clothes?
Kde si mohu vyprat oblečení?
kde see mo-hoo veep-rat ob-le-che-nee

Have you a laundry service?
Perete prádlo?
pe-re-te prad-lo

When will it be ready?
Kdy to bude hotové?
kdee to boo-de ho-to-ve

Where is the launderette?
Kde je Pradlenka?
kde ye prad-len-ka

Where is the dry-cleaner's?
Kde je čistírna?
kde ye chees-teer-na

When does it open?
Kdy se otvírá?
kdee se ot-vee-ra

When does it close?
Kdy se zavírá?
kdee se za-vee-ra

What coins do I need?
Jaké potřebuji mince?
ya-ke pot-ʳzhe-boo-yee meen-tse

Where can I dry these clothes?
Kde si mohu usušit toto oblečení?
kde see mo-hoo oo-soo-sheet to-to ob-le-che-nee

Can I borrow an iron?
Mohu si půjčit žehličku?
mo-hoo see pooʸ-cheet zheh-leech-koo

■ YOU MAY HEAR

Bude to hotové...	dnes	zítra	za tři dny
boo-de to ho-to-ve...	*dnes*	*zeet-ra*	*za ťzhee dnee*
It will be ready...	today	tomorrow	in 3 days

■ ROOM SERVICE

In the Czech Republic many people like to spend the weekend at their chata (weekend cottage). In summer they often enjoy gardening, sport, hiking or mushrooming. Skiing is very popular in winter. Otherwise people spend their free time watching television.

Where can we...?
Kam můžeme... ?
kam <u>moo</u>-zhe-me...

go fishing
jít na ryby
<u>yeet</u> na ree-bee

play tennis
jít hrát tenis
<u>yeet</u> hrat te-nees

Is there a swimming pool?
Je tu koupaliště?
ye too ko^w-pa-leesh-t^ye

Where can we hire bikes?
Kde si můžeme pronajmout kola?
kde see <u>moo</u>-zhe-me pro-na^y-mo^wt ko-la

How much is it per day?
Kolik to stojí na den?
ko-leek to sto-<u>yee</u> na den

Where can we go for a walk?
Kam se můžeme jít projít?
kam se <u>moo</u>-zhe-me <u>yeet</u> pro-<u>yeet</u>

What do you do in your spare time?
Jak trávíte svůj volný čas?
yak tra-<u>vee</u>-te sv<u>oo</u>y vol-<u>nee</u> chas

I like watching television
Rád(a) se dívám na televizi
r<u>ad</u>(a) se <u>dee</u>-vam na te-le-vee-zee

I like gardening
Rád(a) pracuji na zahradě
r<u>ad</u>(a) pra-tsoo-yee na za-hra-d^ye

I like dancing
Rád(a) tancuji
r<u>ad</u>(a) tan-tsoo-yee

■ MUSIC ■ SPORT ■ THEATRE ■ TELEVISION ■ WALKING

You will find left-luggage offices or lockers in railway stations and bus stations. Lockers take a 10 crown coin, so make sure you have some small change on arrival.

HAND LUGGAGE	příruční zavazadlo
LEFT-LUGGAGE OFFICE	úschovna zavazadel
LOCKERS	skříňka na zavazadla
TROLLEY	vozík

My suitcase hasn't arrived
Můj kufr nedorazil
m<u>oo</u>y koo-frr ne-do-ra-zeel

My suitcase is missing
Můj kufr schází
m<u>oo</u>y koo-frr skha-<u>zee</u>

My suitcase is damaged
Můj kufr je rozbitý
m<u>oo</u>y koo-frr ye roz-bee-<u>tee</u>

Can I leave my suitcase here?
Mohu si zde nechat kufr?
mo-hoo see zde ne-khat koo-frr

until ... o'clock   overnight
do ... hodin   přes noc
do ... ho-deen   p'zhes nots

I will collect it at...
Vyzvednu si to v...
veez-ved-noo see to v...

Is there a left-luggage office?
Je tu někde úschovna zavazadel?
ye too n^yek-de <u>oos</u>-khov-na za-va-za-del

When does it open?
Kdy se otvírá?
kdee se ot-v<u>ee</u>-ra

When does it close?
Kdy se zavírá?
kdee se za-v<u>ee</u>-ra

■ **YOU MAY HEAR**

Můžete si to tu nechat do...
m<u>oo</u>-zhe-te see to too ne-khat do...
You can leave it here until...

■ **AIRPORT** ■ **BUS & COACH** ■ **TRAIN**

There are two ways of addressing people: informal and formal. The informal one is used when talking to friends and among young people. We have given you both informal and formal forms for these questions, but you will probably only need the formal ones.

What is your name? *(formal)*
Jak se jmenujete?
yak se yme-noo-ye-te

(informal)
Jak se jmenuješ?
yak se yme-noo-yesh

My name is...
Jmenuji se...
yme-noo-yee se...

How old are you? *(formal)*
Kolik je vám roků?
ko-leek ye vam ro-koo

(informal)
Kolik je ti roků?
ko-leek ye tee ro-koo

I'm ... years old
Je mi ... let
ye mee ... let

I'm 20 years old
Je mi dvacet let
ye mee dva-tset let

I live...	**in London**	**in Scotland**	**in the country**
Bydlím...	**v Londýně**	**ve Skotsku**	**na venkově**
beed-leem...	v lon-dee-nʸe	ve skots-koo	na ven-ko-vʸe

Where do you live? *(formal)*
Kde bydlíte?
kde beed-lee-te

(informal)
Kde bydlíš?
kde beed-leesh

I'm from England
Jsem z Anglie
ysem zang-lee-ye

I'm from Australia
Jsem z Austrálie
ysem zaʷs-tra-lee-ye

This is...	**my boyfriend**	**my girlfriend**
To je...	**můj přítel**	**moje přítelkyně**
to ye...	mooy pʳzhee-tel	mo-ye pʳzhee-tel-kee-nʸe
	my husband	**my wife**
	můj manžel	**moje manželka**
	mooy man-zhel	mo-ye man-zhel-ka

I have a boyfriend
Mám přítele
mam p^rzhee-te-le

I have a girlfriend
Mám přítelkyni
mam p^rzhee-tel-kee-nee

I'm engaged
Jsem zasnoubený(zasnoubená)
ysem zas-no^w-be-nee(zas-no^w-be-na)

I'm not married (male)
Nejsem ženatý
ney-sem zhe-na-tee

I'm not married (female)
Nejsem vdaná
ney-sem vda-na

I'm divorced (male)
Jsem rozvedený
ysem roz-ve-de-nee

I'm divorced (female)
Jsem rozvedená
ysem roz-ve-de-na

I'm a widow
Jsem vdova
ysem vdo-va

I'm a widower
Jsem vdovec
ysem vdo-vets

I have children
Mám děti
mam d^ye-tee

I have no children
Nemám děti
ne-mam d^ye-tee

Do you have children? (formal)
Máte děti?
ma-te d^ye-tee?

(informal)
Máš děti?
mash d^ye-tee?

Are you married? (formal)
Jste ženatý (vdaná)?
yste zhe-na-tee (vda-na)?

(informal)
Jsi ženatý (vdaná)?
ysee zhe-na-tee (vda-na)?

Would you like a drink?
Chcete se něčeho napít?
khtse-te se n^ye-che-ho na-peet?

Would you like to go dancing?
Chcete si jít zatancovat?
khtse-te see yeet za-tan-tso-vat

You can buy a wide selection of road maps, street maps and guide books from bookshops, stationer's, tobacconist's or at kiosks. Local tourist offices don't usually provide free maps. Guide books, particularly to Prague, are also available in English. English newspapers can be bought at kiosks or tobacconist's in large towns.

Where can I buy a map?
Kde se kupují mapy?
kde se koo-poo-yee ma-pee

Do you have...? **Máte...?** m<u>a</u>-te...	**a road map** autoatlas a^w-to-at-las	**a town plan** plán města plan mn^yes-ta
	a guide book průvodce pr<u>oo</u>-vod-tse	**a leaflet** brožurku bro-zhoor-koo
	a newspaper noviny no-vee-nee	**in English** v angličtině v ang-leech-tee-n^ye

Can you show me on the map...
Můžete mi na mapě ukázat...
m<u>oo</u>-zhe-te mee na ma-p^ye oo-k<u>a</u>-zat...

where ... is?
kde je...?
kde ye...

Please draw me a map
Nakreslete mi, prosím, mapku
nak-res-le-te mee pros<u>ee</u>m map-koo

Where can I buy an English newspaper?
Kde dostanu noviny v angličtině?
kde dos-ta-noo no-vee-nee v ang-leech-tee-n^ye

Have you any English newspapers?
Máte nějaké anglické noviny?
m<u>a</u>-te n^ye-ya-ke ang-leets-k<u>e</u> no-vee-nee

■ BASICS ■ SHOPS ■ SIGHTSEEING & TOURIST OFFICE

Czechs usually buy their shopping in decagrams (=10 grammes).

■ LIQUIDS

half a litre of...	půl litru...	poo leet-roo...
one litre of...	jeden litr...	ye-den lee-trr...
2 litres...	dva litry...	dva leet-ree...
a jug of...	džbánek...	dzhba-nek...
a bottle of...	láhev...	la-hev...
a glass of...	sklenice...	skle-nee-tse...

■ WEIGHTS

100 grams	deset deka (10 dkg)	de-set de-ka...
half a kilo of...	půl kila...	poo kee-la...
one kilo of...	jedno kilo...	yed-no kee-lo...
2 kilos of...	dvě kila...	dvYe kee-la...

■ FOOD

a slice of...	plátek...	pla-tek...
a portion of...	porce...	por-tse...
a box of...	krabice...	kra-bee-tse...
a packet of...	krabička...	kra-beech-ka...
a tin of...	plechovka...	ple-khov-ka...
a jar of...	sklenice...	skle-nee-tse...

■ MISCELLANEOUS

...crowns worth of...	... za....korun (Kč)	... za ...ko-roon...
a quarter	jedna čtvrtina	yed-na chtvrr-tee-na
ten per cent	deset procent	de-set prot-sent
more	víc	veets
less	míň	meenY
double	dvojitý	dvo-yee-tee
once	jednou	yed-noW
twice	dvakrát	dva-krat

■ FOOD ■ NUMBERS ■ SHOPPING

Prague's three metro lines run from 0500 until midnight every day. There are no zones and you can buy a multiple week ticket (not for children) or a season ticket .You must stamp your ticket before entering the metro. It is valid for one hour. A more expensive ticket will allow you to use other means of transport as well. A map of the metro is on display inside every metro station. On trams and metros, a recorded announcement tells you the name of the station as you pull into it.

Where is the metro station?
Kde je stanice metra?
kde ye sta-nee-tse met-ra

1 ticket	**2 tickets**	**a weekly ticket**
jeden lístek	**dva lístky**	**týdenní jízdenka**
yed-en <u>lees</u>-tek	dva <u>lees</u>-kee	tee-de-n<u>ee</u> <u>yeez</u>-den-ka

How does this machine work?
Jak ten automat funguje?
yak ten a^w-to-mat foon-goo-ye

I am going to...
Jedu do...
ye-doo do...

How do I get to...?
Jak se dostanu do...?
yak se dos-ta-noo do...

Which line is it?
Jaká trasa to je?
ya-<u>ka</u> tra-sa to ye

Excuse me!	**I'm getting off here**
Promiňte!	**Vystupuji tady**
pro-meen^y-te	vees-too-poo-yee ta-dee

Please let me through
Nechte mě projít, prosím
nekh-te mn^ye pro-<u>yeet</u> pro-s<u>eem</u>

■ BUS & COACH ■ TAXI ■ TRAIN

ENGLISH-CZECH ——————————————— MONEY

The best place to change money and traveller's cheques is the bank (banka) or exchange office (směnárna). Banking hours are generally 0800-1200, and 1330-1500, Mon-Fri. Staff usually speak some English. Any hard currency is accepted. You should avoid changing money in the street, which is illegal and usually a confidence trick. Czech crowns and Slovak crowns are not interchangeable (the Slovak one is worth slightly less) so you cannot use Czech crowns in Slovakia or vice versa and have to change money at the border.

Where is the nearest bank?
Kde je nejbližší banka?
kde ye ney-bleezh-shee ban-ka

Where is the nearest bureau de change?
Kde je nejbližší směnárna?
kde ye ney-bleezh-shee smnYe-nar-na

Where can I change money?
Kde si mohu vyměnit peníze?
kde see mo-hoo vee-mnYe-neet pe-nee-ze

I want to change... Chci si vyměnit... *khtsee see vee-mnYe-neet...*	**£50** padesát liber *pa-de-sat lee-ber*	**£100** sto liber *sto lee-ber*

I want to cash these traveller's cheques
Chci proplatit tyto cestovní šeky
khtsee pro-pla-teet tee-to tses-tov-nee she-kee

What is your commission?
Jaký si účtujete poplatek?
ya-kee see ooch-too-ye-te pop-la-tek

■ **YOU MAY HEAR**

Váš pas, prosím
vash pas pro-seem
Your passport, please

Nemáte drobné?
ne-ma-te drob-ne
Do you have any change?

■ **PAYING**

59

Local tourist offices have information about musical events and how to obtain tickets. There is a wide range of classical music concerts, opera and rock concerts in large towns. Ticket prices are reasonable and the quality is high. Look out for a monthly **Kulturní přehled** *(cultural programme) in Prague and large towns.*

What sort of music do you like?
Jakou hudbu máte rád(a)?
ya-ko^w hood-boo ma̱-te ra̱d(a)

Are there any concerts?
Hrají se nějaké koncerty?
hra-ye̱e se n^ye-ya-ke̱ kon-tser-tee

Where can I get tickets?
Kde dostanu lístky?
kde dos-ta-noo le̱est-kee

Which is your favourite pop group?
Která je vaše oblíbená skupina?
kte-ra̱ ye va-she ob-le̱e-be-na skoo-pee-na

Who is your favourite singer?
Kdo je váš oblíbený zpěvák?
kdo ye va̱sh ob-le̱e-be-nee zp^ye-va̱k

I like...
Mám rád(a)...
ma̱m ra̱d(a)...

Do you go to concerts?
Chodíte na koncerty?
kho-de̱e-te na kont-ser-tee

Do you like opera?
Máte rád(a) operu?
ma̱-te ra̱d(a) o-pe-roo

Do you play any instruments?
Hrajete na nějaký hudební nástroj?
hra-ye-te na n^ye-ya-ke̱e hoo-deb-nee na̱s-troy

I play...	the piano	the guitar	the clarinet
Hraji na...	**klavír**	**kytaru**	**klarinet**
hra-yee na...	kla-ve̱er	kee-ta-roo	kla-ree-net

■ YOU MAY HEAR

Je vyprodáno
ye veep-ro-da̱-no
Sold out

Máme jen vstupenky k stání
ma̱-me yen vstoo-pen-kee k sta̱-nee
We have only tickets for standing

The most popular forms of entertainment are cinema (foreign films are usually subtitled rather than dubbed), listening to music, and going to discos. Women should avoid walking back alone at night. Children will enjoy puppet theatres.

What is there to do in the evenings?
Co se dá dělat večer?
tso se da dʸe-lat ve-cher

We'd like to go to a nightclub
Rádi bychom šli do nočního klubu
ra-dee bee-khom shlee do noch-nee-ho kloo-boo

We'd like to go to a disco
Rádi bychom šli na diskotéku
ra-dee bee-khom shlee na dees-ko-te-koo

How much is it to get in?
Kolik stojí vstupné?
ko-leek sto-yee vstoop-ne

What time does the disco start?
V kolik hodin diskotéka začíná?
vko-leek ho-deen dees-ko-te-ka za-chee-na

What time does the disco finish?
V kolik hodin diskotéka končí?
vko-leek ho-deen dees-ko-te-ka kon-chee

Where can we hear live music?
Kde můžeme slyšet hudbu živě?
kde moo-zhe-me slee-shet hood-boo zhee-vʸe

Is there any entertainment for children?
Kam můžeme vzít děti?
kam moo-zhe-me vzeet dʸe-tee

We're having a great time
Moc se nám to líbí
mots se nam to lee-bee

0	nula	*noo-la*
1	**jeden** (m) / **jedna** (f) / **jedno** (nt)	*yed-en/yed-na/yed-no*
2	**dva** (m) / **dvě** (f/nt)	*dva/dvʸe*
3	**tři**	*tʳzhee*
4	**čtyři**	*chtee-ʳzhee*
5	**pět**	*pʸet*
6	**šest**	*shest*
7	**sedm**	*se-doom*
8	**osm**	*o-soom*
9	**devět**	*de-vʸet*
10	**deset**	*de-set*
11	**jedenáct**	*ye-de-natst*
12	**dvanáct**	*dva-natst*
13	**třináct**	*tʳzhee-natst*
14	**čtrnáct**	*chtrr-natst*
15	**patnáct**	*pat-natst*
16	**šestnáct**	*shest-natst*
17	**sedmnáct**	*se-doom-natst*
18	**osmnáct**	*o-soom-natst*
19	**devatenáct**	*de-va-te-natst*
20	**dvacet**	*dva-tset*
21	**dvacet jedna**	*dva-tset yed-na*
22	**dvacet dva**	*dva-tset dva*
23	**dvacet tři**	*dva-tset tʳzhee*
24	**dvacet čtyři**	*dva-tset chtee-ʳzhee*
25	**dvacet pět**	*dva-tset pʸet*
26	**dvacet šest**	*dva-tset shest*
27	**dvacet sedm**	*dva-tset se-doom*
28	**dvacet osm**	*dva-tset o-soom*
29	**dvacet devět**	*dva-tset de-vʸet*
30	**třicet**	*tʳzhee-tset*

40	čtyřicet	chtee-řzhee-tset
50	padesát	pa-de-sat
60	šedesát	she-de-sat
70	sedmdesát	se-doom-de-sat
80	osmdesát	o-soom-de-sat
90	devadesát	de-va-de-sat
100	sto	sto
110	sto deset	sto de-set
120	sto dvacet	sto dva-tset
200	dvě stě	dvye stye
300	tři sta	třzhe sta
400	čtyři sta	chtee-řzhee sta
500	pět set	pyet set
1,000	tisíc	tee-seets
2,000	dva tisíce	dva tee-seet-se
1 million	milión	mee-lee-yon

first	první	prrv-nee
second	druhý	droo-hee
third	třetí	třzhe-tee
fourth	čtvrtý	chtvrr-tee
fifth	pátý	pa-tee
sixth	šestý	shes-tee
seventh	sedmý	sed-mee
eighth	osmý	os-mee
ninth	devátý	de-va-tee
tenth	desátý	de-sa-tee

■ PAYING ■ TELEPHONE ■ TIME

Credit cards are becoming more widely accepted..

BILL	účet
RECEIPT	potvrzení / stvrzenka
INVOICE	faktura
CASH DESK	pokladna

How much is it?
Kolik to stojí?
ko-leek to sto-yee

I'd like to pay
Zaplatím, prosím
zap-la-teem pro-seem

Where do I pay?
Kde se platí?
kde se pla-tee

The bill, please
Účet, prosím
oo-chet pro-seem

I need a receipt
Potřebuji potvrzení
pot-ᶠzhe-boo-yee pot-vrr-ze-nee

Is service included?
Je obsluha v ceně?
ye ob-sloo-ha v tse-nʸe

Is VAT included?
Je DPH zahrnuto v ceně?
ye de-pe-ha za-hrr-noo-to v tse-nʸe

Can I pay by credit card?
Mohu platit kreditní kartou?
mo-hoo pla-teet kre-deet-nee kar-toʷ

Do you take this credit card?
Berete tuto kreditní kartu?
be-re-te too-to kre-deet-nee kar-too

Please write down the price
Napište mi tu cenu, prosím
na-peesh-te mee too tse-noo pro-seem

Put it on my bill
Napište to na můj účet
na-peesh-te to na mooy oo-chet

*Opening hours are the same as most other shops: 0800-1200, then
1330-1700. Large pharmacies do not close for lunch. Condoms are
also available from vending machines.*

Where is the nearest pharmacy?
Kde je nejbližší lékárna?
kde ye ney-bleezh-shee le-kar-na

I don't feel well
Necítím se dobře
ne-tsee-teem se dob-r'zhe

I need something for...
Potřebuji něco proti...
pot-r'zhe-boo-yee n'e-tso pro-tee...

a headache	diarrhoea	constipation
bolení hlavy	**průjmu**	**zácpě**
bo-le-nee hla-vee	*prooy-moo*	*zats-p'e*

Is it safe for...?
Je to bezpečné pro...?
ye to bez-pech-ne pro...

babies / children / pregnant women
nemluvňata / děti / těhotné ženy
nem-loov-n'a-ta / d'e-tee / t'e-hot-ne zhe-nee

What is the dose?
Jaké je dávkování?
ya-ke ye dav-ko-va-nee

I have a rash
Mám vyrážku
mam vee-razh-koo

■ WORDS YOU MAY NEED

antiseptic dezinfekce *de-zeen-fek-tse*
condoms kondomy *kon-do-mee*
cotton wool vata *va-ta*
dental floss mezizubní niť *me-zee-zoob-nee neet'*
insect repellant repelent *re-pe-lent*
lipsalve jelení lůj *ye-le-nee looy*
moisturizing lotion pleťová voda *ple-t'o-va vo-da*
painkillers léky proti bolesti *le-kee pro-tee bo-les-tee*
plasters náplasti *na-plas-tee*
sanitary pads menstruační vložky *men-stroo-ach-nee vlozh-kee*
suntan lotion opalovací krém *o-pa-lo-va-tsee krem*
tampons tampóny *tam-po-nee*
toothpaste zubní pasta *zoob-nee pas-ta*

■ BODY ■ SHOPPING

Foto-kino shops sell films, batteries and tapes for camcorders. It is not expensive to have films developed. You are not allowed to take photos in some art galleries and museums.

Where is there a photo shop?
Kde najdu foto-kino?
kde nay-doo fo-to-kee-no

I need a tape for this camcorder
Potřebuji kazetu do této videokamery
pot-rzhe-boo-yee ka-ze-too do te-to vee-de-o-ka-me-ree

I need a film for this camera
Potřebuji film do tohoto fotoaparátu
pot-rzhe-boo-yee feelm do to-ho-to fo-to-a-pa-ra-too

a colour film	24	36
barevný film	**dvaceti čtyř**	**třiceti šesti**
ba-rev-nee feelm	dva-tse-tee chtee-rzh	trzhee-tse-tee shes-tee

I need batteries for this
Potřebuji do toho baterie
pot-rzhe-boo-yee do to-ho ba-te-ree-ye

Can you develop this?
Můžete to vyvolat?
moo-zhe-te to vee-vo-lat

How long will it take?
Jak dlouho to bude trvat?
yak dlow-ho to boo-de trr-vat

Can I take a picture of this?
Mohu si to vyfotit?
mo-hoo see to vee-fo-teet

Can you take a picture of us, please
Můžete nás vyfotit, prosím?
moo-zhe-te nas vee-fo-teet pro-seem

■ YOU MAY HEAR

Přejete si matné nebo lesklé?
przhe-ye-te see mat-ne ne-bo les-kle
Would you like matt or glossy prints?

■ SHOPPING

Main post offices are open Monday to Friday, and on Saturday mornings. Opening hours are generally similar to those of shops.

Where is the post office?
Kde je pošta?
kde ye posh-ta

Is the post office open today?
Je dnes pošta otevřená?
ye dnes posh-ta o-tev-ʳzhe-na

Where can I get stamps?
Kde dostanou známky?
kde dos-ta-noo znam-kee

Do you have stamps?
Máte známky?
ma-te znam-kee

5 stamps
pět známek
pʸet zna-mek

10 stamps
deset známek
de-set zna-mek

for postcards
na pohled
na poh-led

for letters
na dopis
na do-pees

to Britain
do Británie
do bree-ta-nee-ye

to USA
do USA
do oo-es-a

to Australia
do Austrálie
do aʷs-tra-lee-ye

By airmail, please
Letecky, prosím
le-tets-kee pro-seem

How much is it to send this parcel?
Kolik stojí poslat tento balíček?
ko-leek sto-yee pos-lat ten-to ba-lee-chek

■ YOU MAY HEAR

Kam to chcete poslat?
kam to khtse-te pos-lat
Where do you want to send it?

Vyplňte to
vee-plnʸ-te to
Fill this in

■ DIRECTIONS

Can you help me?
Můžete mi pomoct?
moo-zhe-te mee po-motst

I don't speak Czech
Nemluvím česky
nem-loo-veem ches-kee

Do you speak English?
Mluvíte anglicky?
mloo-vee-te an-gleets-kee

Is there someone here who speaks English?
Je tu někdo, kdo mluví anglicky?
ye too nYek-do kdo mloo-vee an-gleets-kee

I'm lost
Zabloudil(a) jsem
zab-low-deel(a) ysem

I need to go to...
Potřebuji se dostat...
pot-rzhe-boo-yee se dos-tat...

to this address
na tuto adresu
na tooto ad-re-soo

to the station
na nádraží
na nad-ra-zhee

I've missed my train
Zmeškal(a) jsem vlak
zmesh-kal(a) ysem vlak

the connection
spojení
spo-ye-nee

The coach has left without me
Autobus odejel beze mne
aW-to-boos o-de-yel be-ze mne

I don't know how this works
Nevím, jak to funguje
ne-veem yak to foon-goo-ye

Can you show me?
Můžete mi to ukázat?
moo-zhe-te mee to oo-ka-zat

That man is following me
Tento muž mě sleduje
ten-to moozh mnYe sle-doo-ye

Leave me alone!
Nechte mě být!
nekh-te mnYe beet

■ **YOU MAY HEAR**

Mám problém
mam prob-lem
I have a problem

■ **COMPLAINTS** ■ **EMERGENCIES**

Do you have...?
Máte...?
ma-te...

When...?
Kdy...?
kdee...

At what time...?
V kolik hodin...?
vko-leek ho-deen...

Where is...? **Where are...?**
Kde je...? **Kde jsou...?**
kde ye... *kde ysoᵂ...*

What time is it?
Kolik je hodin?
ko-leek ye ho-deen

Can I...?
Mohu...?
mo-hoo...

Can we...?
Můžeme...?
moo-zhe-me...

Is it...?
Je to...?
ye to...

Are they...?
Jsou...?
ysoᵂ...

Is there...? **Are there...?**
Je tu...? **Jsou tu...?**
ye too... *ysoᵂ too...*

How do I get to...?
Jak se dostanu do...?
yak se dos-ta-noo do...

Is it far?
Je to daleko?
ye to da-le-ko

Who? **What?**
Kdo? **Co?**
kdo *tso*

Why? **How?**
Proč? **Jak?**
proch *yak*

How many?
Kolik?
ko-leek

How much is it?
Kolik to stojí?
ko-leek to sto-yee

Which one?
Který?
kte-ree

Where are the toilets?
Kde jsou toalety?
kde ysoᵂ to-a-le-tee

■ BASICS

SHOE REPAIR SHOP	opravna obuvi
REPAIRS WHILE YOU WAIT	opravy na počkání

This is broken
Je to rozbité
ye to roz-bee-te

Where can I get this repaired?
Kde si to mohu nechat opravit?
kde see to mo-hoo ne-khat op-ra-veet

Can you repair...?
Můžete opravit...?
moo-zhe-te op-ra-veet...

these shoes
tyto boty
tee-to bo-tee

my dentures
moji zubní protézu
mo-yee zoob-nee pro-te-zoo

my glasses
moje brýle
mo-ye bree-le

this camera
tento fotoaparát
ten-to fo-to-a-pa-rat

How much will it cost?
Kolik to bude stát?
ko-leek to boo-de stat

How long will it take?
Jak dlouho to bude trvat?
yak dlow-ho to boo-de trr-vat

When will it be ready?
Kdy to bude hotové?
kdee to boo-de ho-to-ve

I need...
Potřebuji...
pot-rzhe-boo-yee...

glue
lepidlo
le-peed-lo

sellotape
izolepu
ee-zo-le-poo

a needle and thread
jehlu a nit
yeh-loo a neet

■ **YOU MAY HEAR**

To se nedá opravit
to se ne-da op-ra-veet
It can't be repaired

■ **CAR–BREAKDOWNS** ■ **PROBLEMS**

70

Big hotels usually have room service, but generally not much English is spoken.

Come in!
Pojďte dál!
poyd^y-te dal

Please come back later
Vraťte se, prosím, později
vrat^y-te se pro-seem poz-d^ye-yee

Please bring...
Přineste, prosím...
p'zhe-nes-te pro-seem...

clean towels	
čisté ručníky	
chees-te rooch-nee-kee	

a glass	toilet paper
skleničku	**toaletní papír**
skle-neech-koo	*to-a-let-nee pa-peer*

I'd like an early morning call
Prosil(a) bych vzbudit brzy ráno
pro-seel(a) beekh vzboo-deet brr-zee ra-no

at 6	at 7
v šest	**v sedm**
v shest	*v se-doom*

The ... doesn't work
... nefunguje
... ne-foon-goo-ye

Please could you repair it?
Mohli byste to, prosím, opravit?
moh-lee bees-te to pro-seem op-ra-veet

I need more coat hangers
Potřebuji víc ramínek
pot-'zhe-boo-yee veets ra-mee-nek

■ YOU MAY HEAR

Potřebujete ještě něco?
pot-'zhe-boo-ye-te yesh-t^ye n^ye-tso
Do you need anything else?

■ HOTEL ■ LAUNDRY ■ TELEPHONE

71

Most large shops and department stores are open 0900-1800 Mon-Fri, and until lunchtime on Saturdays. Smaller shops close for lunch. The same applies to holiday resorts. Good buys are CDs, glass, wooden articles, leather goods and books on art.

OPEN	otevřeno
CLOSED	zavřeno
SALE	výprodej
CASH DESK	pokladna
REDUCTION	sleva

Where are the shops?
Kde jsou obchody?
kde ysoᵂ ob-kho-dee

I am looking for...
Hledám...
hle-dam...

Where's the nearest...?
Kde je nejbližší...?
kde ye ney-bleezh-shee....

supermarket
supermarket
soo-per-mar-ket

baker's
pekařství
pe-ka'zh-stvee

Is there a market?
Je tu někde trh?
ye too nᵞek-de trr-h

Where is the market?
Kde je trh?
kde ye trr-h

Is it open?
Je otevřeno?
ye o-tev-ᶠzhe-no

When does it close?
Kdy se zavírá?
kdee se za-vee-ra

Do you sell...?
Prodáváte...?
pro-da-va-te...

stamps
známky
znam-kee

milk
mléko
mle-ko

bread
chleba
khle-ba

batteries
baterie
ba-te-ree-ye

How much is it?
Kolik to stojí?
ko-leek to sto-yee

It is too expensive
To je moc drahé
to ye mots dra-he

■ YOU MAY HEAR

Co si přejete?
tso see p'zhe-ye-te
What would you like?

Ještě něco?
yesh-tᵞe nᵞe-tso
Anything else?

antiques starožitnictví *sta-ro-zheet-neets-tvee*

baker's pekařství/pečivo *pe-ka^rzh-stvee/pe-chee-vo*

bookshop knihkupectví *kneeh-koo-pets-tvee*

butcher's řeznictví *^rzhez-neets-tvee*

cake shop cukrárna *tsook-rar-na*

clothes (women's) dámské oděvy *dam-ske o-d^ye-vee*

clothes (men's) pánské oděvy *pan-ske o-d^ye-vee*

department store obchodní dům *ob-khod-nee doom*

electrical goods elektrické přístroje *e-lek-treets-ke p^rzhees-tro-ye*

fishmonger's ryby *ree-bee*

furniture nábytek *na-bee-tek*

gifts dárky *dar-kee*

greengrocer's zelenina *ze-le-nee-na*

grocer's potraviny *pot-ra-vee-nee*

hairdresser's kadeřnictví *ka-de^rzh-neets-tvee*

ironmonger's železářství *zhe-le-za^rzh-stvee*

jeweller's klenoty *kle-no-tee*

market trh *trr-h*

optician optik *op-teek*

pharmacy lékárna *le-kar-na*

secondhand bookshop antikvariát *an-tee-kva-ree-yat*

self-service samoobsluha *sa-mo-ob-sloo-ha*

shoe shop obuv *o-boov*

shop obchod *ob-khod*

souvenir shop dárkové zboží *dar-ko-ve zbo-zhee*

stationer's papírnictví *pa-peer-neets-tvee*

supermarket supermarket *soo-per-mar-ket*

sweet shop cukrárna *tsook-rar-na*

tobacconist's tabák *ta-bak*

toy shop hračky *hrach-kee*

■ CLOTHES ■ MEASUREMENTS & QUANTITIES ■ PAYING

There are lots of tourist offices, particularly in Prague. They are generally open Mon-Fri, 0900-1800. The staff are likely to speak English. When on a guided tour, you do not have to tip the guide, just pay at the office. There is differential pricing for Czechs and visitors (cheaper for Czechs) for accommodation and sometimes concerts. Most museums, galleries and castles tend to be closed on Mondays.

Where is the tourist office?
Kde jsou informace?
kde yso^w een-for-ma-tse

Is there a sightseeing tour of the city?
Nabízíte prohlídku města?
na-bee-zee-te pro-hleed-koo mn^yes-ta

What can we visit in the Prague area?
Co můžeme navštívit v okolí Prahy?
tso moo-zhe-me nav-shtee-veet v o-ko-lee pra-hee

We'd like to go to...
Rádi bychom jeli do...
ra-dee bee-khom ye-lee do...

Are there excursions?
Pořádáte výlety?
po-^rzha-da-te vee-le-tee

How much is the guided tour?
Kolik stojí okružní jízda?
ko-leek sto-yee ok-roozh-nee yeez-da

When can we visit...?
Kdy můžeme navštívit...?
kdee moo-zhe-me nav-shtee-veet...

Have you details in English?
Máte podrobnosti v angličtině?
ma-te pod-rob-nos-tee v an-gleech-tee-n^ye

When does it leave?
Kdy se odjíždí?
kdee se od-yeezh-dee

When does it get back?
Kdy se přijede zpátky?
kdee se p^rzhee-ye-de zpat-kee

■ MAPS & GUIDES ■ NIGHTLIFE

dámy
LADIES'

horká
HOT

informace
INFORMATION

koupání zakázáno
NO BATHING

koupelna
BATHROOM

k prodeji
FOR SALE

k pronajmutí
FOR HIRE/RENT

k vlaku
TO THE TRAIN

kuřáci
SMOKING

likvidace
CLOSING-DOWN SALE

muži
GENTS'

nástupiště
PLATFORM

nebezpečí
DANGER

nedotýkat se
DO NOT TOUCH

nefunguje
OUT OF ORDER

nekuřáci
NO SMOKING

nouzový východ
EMERGENCY EXIT

obsazeno
NO VACANCIES/ENGAGED

oddělení úrazů
CASUALTY DEPT

otevřeno
OPEN

páni
GENTS'

paní
LADIES'

pitná voda
DRINKING WATER

platte u pokladny
PAY AT THE CASH DESK

plno/plný
FULL

pokladna
TICKET OFFICE/
CASH DESK

první pomoc
FIRST AID

přízemí
GROUND FLOOR

první patro
FIRST FLOOR

samoobsluha
SELF-SERVICE

sem
PULL

slevy
REDUCTIONS

studená
COLD

suterén
BASEMENT

tam
PUSH

toalety
TOILETS

úschovna zavazadel
LEFT-LUGGAGE

vchod
ENTRANCE

volno
VACANT

vstup zakázán
NO ENTRY

východ
EXIT

výtah
LIFT

záchody
TOILETS

zákaz...
FORBIDDEN/NO...

zavřeno
CLOSED

ženy
LADIES'

In winter the most popular sports are skiing, ice-hockey and skating. You can hire most of the equipment.

DOWN-HILL SKIING	**slezdové lyžování**
CROSS-COUNTRY SKIING	**lyžování na běžkách**
SKI PASS	**permanentka**
SKI LIFT	**vlek**

I want to hire skis
Chci si půjčit lyže
khtsee see p<u>oo</u>y-cheet lee-zhe

	boots	poles
Does the price include...?		
Je to včetně...?	bot	hůlek
ye to vchet-n^ye...	*bot*	*h<u>oo</u>-lek*

Can you adjust my bindings?
Můžete mi upravit vázání?
m<u>oo</u>-zhe-te mee oop-ra-veet v<u>a</u>-z<u>a</u>-n<u>ee</u>

	daily	weekly
How much is a pass?		
Kolik stojí permanentka?	na den	na týden
ko-leek sto-y<u>ee</u> per-ma-nent-ka	*na den*	*na t<u>ee</u>-den*

Have you a map of the ski runs?
Máte mapu lyžařských tratí?
m<u>a</u>-te ma-poo lee-zha^rzh-sk<u>ee</u>kh tra-t<u>ee</u>

When is the last ascent?
Kdy jede vlek naposledy?
kdee ye-de vlek na-pos-le-dee

■ YOU MAY HEAR

Jakou velikost lyží chcete?
ya-ko^w ve-lee-kost lee-zh<u>ee</u> khtse-te
What size skis do you want?

Jakou máte velikost bot?
ya-ko^w m<u>a</u>-te ve-lee-kost bot
What is your shoe size?

Už jste někdy lyžoval?
oozh yste n^yek-dee lee-zho-val
Have you ever skied before?

Can we ...?
Můžeme...?
moo-zhe-me...

go swimming
plavat
pla-vat

go jogging
jít běhat
yeet bʸe-hat

play tennis
hrát tenis
hrat te-nees

hire rackets
půjčit si tenisové rakety
pooy-cheet see te-nee-so-ve ra-ke-tee

How much is it per hour?
Kolik to stojí na hodinu?
ko-leek to sto-yee na ho-dee-noo

Do you have to be a member?
Je nutné být členem?
ye noot-ne beet chle-nem

Can we watch a football match?
Můžeme se jít dívat na fotbal?
moo-zhe-me se yeet dee-vat na fot-bal

Where can we get tickets?
Kde se kupují vstupenky?
kde se koo-poo-yee vstoo-pen-kee

How do we get to the stadium?
Jak se dostaneme na stadion?
yak se dos-ta-ne-me na sta-dee-yon

What sports do you play?
Jaké sporty děláte?
ya-ke spor-tee dʸe-la-te

■ **YOU MAY HEAR**

Nechcete si zahrát...?
nekh-tse-te see za-hrat...
Would you like to play...?

■ **LEISURE/INTERESTS**

77

*Only get into cars which display the sign TAXI . Taxi drivers will
probably only speak very basic English. Make sure they switch on
the meter when you get in and keep an eye on the total sum. If you
suspect you are being overcharged, ask for a receipt. A tip is
expected.*

Where can I get a taxi?
Kde najdu taxi?
kde naY-doo tak-see

I want to go to...
Chci jet do/na...
khtsee yet do/na...

to the coach station
na autobusové nádraží
na aW-to-boo-so-ve nad-ra-zhee

to the city centre
do centra města
do tsen-tra mnYes-ta

How much is it...?
Kolik to stojí...?
ko-leek to sto-yee...

to this address
na tuto adresu
na too-to ad-re-soo

to the airport
na letiště
na le-teesh-tYe

Please stop here
Zastavte tady, prosím
zas-tav-te ta-dee pro-seem

Please wait
Počkejte, prosím
poch-key-te pro-seem

I'd like a receipt
Dejte mi, prosím, potvrení
dey-te mee pro-seem pot-vrr-ze-nee

Keep the change
Nechte si drobné
nekh-te see drob-ne

You're driving too fast
Jedete příliš rychle
ye-de-te pˡzhee-leesh-reekh-le

Switch on the meter, please
Zapněte taxametr, prosím
zap-nYe-te tak-sa-me-trr pro-seem

It is too expensive
To je příliš drahé
to ye pˡzhee-leesh dra-he

This is more than on the meter
To je víc než na taxametru
to ye veets nezh na tak-sa-met-roo

I'm in a hurry
Pospíchám
pos-pee-kham

■ AIRPORT ■ BUS & COACH ■ METRO

*To phone the UK from the Czech Republic, the international code is **00 44**. Payphones take 2, 5 and 10 Kč coins or phonecards which can be bought at tobacconist's or newspaper kiosks. Calls are cheaper in the evenings (from 1600) and at weekends. The instructions for using phone boxes are given in pictograms. To phone the Czech Republic from the UK, the international code is **00 42**.*

PHONECARD	telefonní karta
TELEPHONE DIRECTORY	telefonní seznam
YELLOW PAGES	Žluté stránky
REVERSE-CHARGE CALL	hovor na účet volaného
DIALLING TONE	oznamovací tón
DIALLING CODE	předčíslí/volačka

I want to make a call
Chci telefonovat
khtsee te-le-fo-no-vat

Is there a payphone?
Je tady někde telefon na mince?
ye ta-dee nʸek-de te-le-fon na meen-tse

I want to phone...	the UK	the USA
Chci telefonovat...	do Velké Británie	do USA
khtsee te-le-fo-no-vat...	*do vel-ke bree-ta-nee-ye*	*do oo-es-a*

Where can I buy a phonecard?
Kde si mohu koupit telefonní kartu?
kde see mo-hoo koʷ-peet te-le-fo-nee kar-too

Please write the phone number down
Prosím, zapište si to telefonní číslo
pro-seem za-peesh-te see to te-le-fo-nee chees-lo

Can you try this number for me?	I can't get through
Můžete mi zavolat toto číslo?	Nemohu se dovolat
moo-zhe-te mee za-vo-lat to-to chees-lo	*ne-mo-hoo se do-vo-lat*

Mr/Mrs ... please
Pana/paní ... prosím
pa-na/pa-nee ... pro-seem

Extension number...
Linka číslo...
leen-ka chees-lo...

Can I speak to...?
Mohu mluvit s...?
mo-hoo mloo-veet s...

This is Ian James
U telefonu Ian James
oo te-le-fo-noo Ian James

When will he/she be back?
Kdy se vrátí?
kdee se vra-tee

I'll call back...
Zavolám znovu...
za-vo-lam zno-voo...

later	**tomorrow**
pozdějí	zítra
poz-dYe-yee	*zeet-ra*

■ YOU MAY HEAR

Haló
ha-lo
Hello

Počkejte
poch-key-te
Hold on

Kdo volá?
kdo vo-la
Who is calling?

Okamžik / Moment
o-kam-zheek/mo-ment
Just a moment

Je obsazeno
ye ob-sa-ze-no
The line's engaged

Můžete zavolat později?
moo-zhe-te za-vo-lat poz-dYe-yee
Can you call back later?

Zkuste to později
zkoos-te to poz-dYe-yee
Try again later

Chcete nechat vzkaz?
khtse-te ne-khat vzkaz
Do you want to leave a message?

Špatné číslo
shpat-ne chees-lo
Wrong number

To je omyl
to ye o-meel
You've got the wrong number

Po zaznění tónu zanechte vzkaz
po zaz-nYe-nee to-noo za-nekh-te vzkaz
Please leave a message after the tone

■ FAX ■ NUMBERS

Czech TV has 4 channels. Most foreign films are shown with their original soundtrack, not dubbed.

REMOTE CONTROL	dálkové ovládání
SOAP	populární seriál
NEWS	zprávy
TO SWITCH ON	zapnout
TO SWITCH OFF	vypnout
CARTOONS	kreslené filmy

Where is the television?
Kde je televize?
kde ye te-le-vee-ze

How do I switch it on?
Jak se zapíná?
yak se za-pee-na

Please turn the volume down
Ne tak hlasitě, prosím
ne tak hla-see-tye pro-seem

Please turn the volume up
Dejte to hlasitěji, prosím
dey-te to hla-see-tye-yee pro-seem

What's on television?
Co se dává v televizi?
tso se da-va v te-le-vee-zee

When is the news?
Kdy jsou zprávy?
kdee yso^w zpra-vee

Are there any children's programmes?
Je na programu něco pro děti?
ye na prog-ra-moo nye-tso pro dye-tee

When is the football on?
Kdy se vysílá fotbal?
kdee se vee-see-la fot-bal

■ **YOU MAY HEAR**

Tamhle jsou videokazety v angličtině
tam-hle yso^w vee-de-o-ka-ze-tee v an-gleech-tee-nye
There are videotapes in English over there

■ **LEISURE/INTERESTS**

In Prague there are lots of theatre groups, some of which perform in English. Tickets for opera and ballet, puppet and repertory theatre are cheap and in high demand, so make sure you buy them in advance.

THEATRE	divadlo
TICKET	lístek / vstupenka
SEAT	sedadlo
CLOAKROOM	šatna

What's on at the theatre?
Co se hraje v divadle?
tso se hra-ye v dee-vad-le

Where is the theatre?
Kde je divadlo?
kde ye dee-vad-lo

How much are the tickets?
Kolik stojí lístky?
ko-leek sto-yee leest-kee

1 ticket
jeden lístek
ye-den lees-tek

I'd like...
Chtěl(a) bych...
khtʸel(a) beekh...

2 tickets
dva lístky
dvʸa leest-kee

4 tickets
čtyři lístky
chtee-ʳzhee leest-kee

for tonight
na dnes večer
na dnes ve-cher

for tomorrow night
na zítra večer
na zeet-ra ve-cher

for 6 August
na šestého srpna
na shes-te-ho srrp-na

in the stalls
do přízemí
do pʳzhee-ze-mee

in the circle
na balkón
na bal-kon

in the upper circle
na druhý balkón
na droo-hee bal-kon

How long is the interval?
Jak je dlouhá přestávka?
yak ye dlowʰ-ha pʳzhes-tav-ka

When does the play end?
Kdy ta hra končí?
kdee ta hra kon-chee

I enjoyed the play
Ta hra se mi líbila
ta hra se mee lee-bee-la

I enjoyed the opera
Ta opera se mi líbila
ta o-pe-ra se mee lee-bee-la

■ LEISURE/INTERESTS ■ SIGHTSEEING & TOURIST OFFICE

What time is it?
  Kolik je hodin?
  ko-leek ye ho-deen

am
dopoledne
do-po-led-ne

pm
odpoledne
od-po-led-ne

It's...
Je...
ye...

it's midday
je poledne
ye po-led-ne

it's midnight
je půlnoc
ye pool-nots

it's one o'clock
je jedna hodina
ye yed-na ho-dee-na

it's nine o'clock
je devět hodin
ye de-v^yet ho-deen

at midday
v poledne
v po-led-ne

at midnight
o půlnoci
o pool-no-tsee

9 devět hodin *de-v^yet ho-deen*

9.10 devět hodin deset minut *de-v^yet ho-deen de-set mee-noot*

9.15 devět hodin patnáct minut *de-v^yet ho-deen pat-natst mee-noot*

a quarter past 9 čtvrt na deset *chtvrrt na de-set*

9.30 devět hodin třicet minut *de-v^yet ho-deen t^rzhee-tset mee-noot*

half past 10 půl desáté *pool de-sa-te*

9.45 devět hodin čtyřicet pět minut *de-v^yet ho-deen chtee-^rzhee-tset p^yet mee-noot*

a quarter to 10 tři čtvrtě na deset *t^rzhee chtvrr-t^ye na de-set*

9.50 devět hodin padesát minut *de-v^yet ho-deen pa-de-sat mee-noot*

ten to 10 za deset minut deset *za de-set mee-noot de-set*

■ YOU MAY HEAR

Bohužel nevím
  bo-hoo-zhel ne-veem
  Sorry, I don't know

Nemám hodinky
ne-mam ho-deen-kee
I haven't got a watch

■ NUMBERS

When does it open?
Kdy se otevírá?
kdee se o-te-vee-ra

When does it close?
Kdy se zavírá?
kdee se za-vee-ra

When does it begin?
Kdy se začíná?
kdee se za-chee-na

When does it end?
Kdy se končí?
kdee se kon-chee

What time do you close?
V kolik hodin zavíráte?
vko-leek ho-deen za-vee-ra-te

today	tomorrow	yesterday
dnes	zítra	včera
dnes	*zee-tra*	*vche-ra*

for 1 day	for 2 days	for one week
na jeden den	na dva dny	na týden
na ye-den den	*na dva dnee*	*na tee-den*

now	later
nyní	později
nee-nee	*poz-dye-yee*

immediately	as soon as possible
okamžitě	co nejdříve
o-kam-zhee-tye	*tso ney-drzhee-ve*

in the morning	in the afternoon
ráno	odpoledne
ra-no	*od-po-led-ne*

this evening
dnes večer
dnes ve-cher

on Saturday	next Saturday	last Saturday
v sobotu	příští sobotu	minulou sobotu
v so-bo-too	*przheesh-tee so-bo-too*	*mee-noo-low so-bo-too*

■ **NUMBERS**

There are 2 types of trains, slow (osobní) and faster ones **rychlík**
expres *and* **spěšný** *. Train travel is much cheaper in the Czech
Republic than in the West. You pay cash for your tickets (children
under 15 will pay half-price). Return tickets are not generally
available. Food and drink can be bought on long-distance trains in
dining cars. Be sure to have a reservation (* **místenka** *) when
travelling on public holidays or at weekends.*

STATION	nádraží
TRAIN	vlak
PLATFORM	nástupiště
SEAT	místo
TICKET	jízdenka
BOOKING OFFICE	pokladna
TIMETABLE	jízdní řád
CONNECTION	spojení
SLEEPING COMPARTMENT	spací kupé
COUCHETTE	lůžko

Where is the station?
Kde je nádraží?
kde ye nad-ra-zhee

1 single	2 singles	3 singles	to...
jednou	dvakrát	třikrát	do...
yed-no^w	*dva-krat*	*t'zhee-krat*	*do...*

1 return	2 returns	3 returns	to...
zpáteční	dva zpáteční	tři zpáteční	do...
zpa-tech-nee	*dva zpa-tech-nee*	*t'zhee zpa-tech-nee*	*do...*

2 adults	1 adult and 2 children
dva celé	jeden celý a dva poloviční
dva tse-le	*ye-den tse-lee a dva po-lo-veech-nee*

I want to make a reservation
Chci si koupit místenku
khtsee see ko^w-peet mees-ten-koo

CONT...

first class
první třídu
prrv-neet'zhee-doo

second class
druhou třídu
droo-ho^w t'zhee-doo

no smoking
Nekuřáci
ne-koo-'zha-tsee

smoking
Kuřáci
koo-'zha-tsee

When is the next train?
Kdy jede další vlak?
kdee ye-de dal-shee vlak

to Brno	**to Bratislava**
do Brna	do Bratislavy
do brr-na	*do bra-tees-la-vee*

Which platform?
Ze kterého nástupiště?
ze kte-re-ho nas-too-peesh-t^ye

When does it arrive?
Kdy to přijede?
kdee to p'zhee-ye-de

in Brno	**in Bratislava**
do Brna	do Bratislavy
do brr-na	*do bra-tees-la-vee*

What time does it leave?
V kolik hodin to odjíždí?
vko-leek ho-deen to od-yeezh-dee

At what time?
V kolik hodin?
vko-leek ho-deen

Do I have to change?
Musím přesedat?
moo-seem p'zhe-se-dat

Where?
Kde?
kde

Is this the train...?
Je toto vlak...?
ye to-to vlak...

for Brno	**for Bratislava**
do Brna	do Bratislavy
do brr-na	*do bra-tees-la-vee*

Excuse me *(to get by)*
S dovolením
sdo-vo-le-neem

Is this seat free?
Je tady volno?
ye ta-dee vol-no

■ BUS & COACH ■ LUGGAGE ■ METRO

Although much has changed, there are still very few vegetarian restaurants in the Czech Republic, and the diet is very meat-based. However, fish, pasta, omelette and cheese dishes (the most popular being fried cheese smažený sýr) are usually available.

I'm vegetarian
Jsem vegetarián(ka)
ysem ve-ge-ta-ree-yan(-ka)

I don't eat meat
Nejím maso
ne-yeem ma-so

Is there a vegetarian restaurant here?
Je tady někde vegetariánská restaurace?
ye ta-dee nʸek-de ve-ge-ta-ree-yan-ska res-taw-ra-tse

Is there meat in this dish?
Není v tom jídle maso?
ne-nee v tom yeed-le ma-so

What vegetarian dishes do you have?
Jaká vegetariánská jídla máte?
ya-ka ve-ge-ta-ree-yan-ska yeed-la ma-te

What fish dishes do you have?
Jaká rybí jídla máte?
ya-ka ree-bee yeed-la ma-te

■ **VEGETARIAN DISHES** bezmasá jídla

   bramborák *potato pancake*
   čočka s vejcem *lentils with egg*
   knedlík s vejci *czech bread dumplings with eggs*
   lečo s vejcem *spicy vegetable casserole with eggs*
   míchaná vejce *scrambled eggs*
   omeleta se špenátem *spinach omelette*
   omeleta se žampiony *mushroom omelette*
   smažený Hermelín *fried Camembert-style cheese*
   smažený sýr *fried cheese*
   sýrová mísa *cheese platter*
   zeleninové karbanátky *vegetable burgers*
   zeleninové rizoto *vegetable risotto*

■ **EATING OUT** ■ **FOOD–VEGETABLES**

The Czech Republic has beautiful areas to explore with woods, lakes and mountains. Both long distance hikes and short distance walks are well marked.

Are there any guided walks?
Pořádají se vycházky s průvodcem?
po-*r*zha-da-yee se vee-khaz-kee s proo-vod-tsem

Do you have details?
Můžete mi sdělit podrobnosti?
moo-zhe-te mee sdYe-leet pod-rob-nos-tee

Do you have a guide to local walks?
Máte průvodce pro procházky po okolí?
ma-te proo-vod-tse pro pro-khaz-kee po o-ko-lee

How many kilometres is the walk?
Kolik kilometrů je ta procházka?
ko-leek kee-lo-met-roo ye ta pro-khaz-ka

How long will it take?
Jak dlouho bude trvat?
yak dlow-ho boo-de trr-vat

Is it very steep?
Je to prudké stoupání?
ye to prood-ke stow-pa-nee

Do we need walking boots?
Potřebujeme pohorky?
pot-*r*zhe-boo-ye-me po-hor-kee

Should we take...?
Měli bychom si vzít...?
mnYe-lee bee-khom see vzeet...

waterproofs
pláštěnku
plash-tYen-koo

water	food	a compass
vodu	**jídlo**	**kompas**
vo-doo	yeed-lo	kom-pas

What time does it get dark?
V kolik hodin se stmívá?
vko-leek ho-deen se stmee-va

■ LEISURE/INTERESTS ■ MAPS & GUIDES

CLEAR	jasno
RAIN	déšť
COLD	zima/chladno
HOT	horko
WARM	teplo
SUN	slunce
FOG	mlha
SNOW	sníh
WIND	vítr
WEATHER FORECAST	předpověď počasí

It's sunny
Svítí slunce
svee-tee sloon-tse

It's raining
Prší
prr-shee

It's snowing
Sněží
sn^ye-zhee

It's windy
Je vítr
ye vee-trr

What is the weather forecast for tomorrow?
Jaká je předpověď počasí na zítřek?
ya-ka ye p'zhed-po-v^yed^y po-cha-see na zeet-^rzhek

It is very hot
Je hrozné horko
ye hroz-ne hor-ko

What's the temperature?
Jaká je teplota?
ya-ka ye tep-lo-ta

Will there be a storm?
Bude bouřka?
boo-de bo^{wr}zh-ka

What beautiful weather!
To je krásné počasí!
to ye kras-ne po-cha-see

What awful weather!
To je hrozné počasí!
to ye hroz-ne po-cha-see

■ YOU MAY HEAR

Myslím, že bude pršet
mees-leem zhe boo-de prr-shet
I think it will rain

Vemte si deštník
vemte see desh-tneek
Take an umbrella

■ MAKING FRIENDS

Czech beer is of outstanding quality and very cheap, although there is not as much variety as in Britain (nearly all types are light, lager-style beers). Each pub serves one kind of beer, on tap, with the exception of Pilsner which is bottled. Beers are graded by degrees, according to malt content not alcoholic strength: 10 and 12 degree beers are the most common. They differ slightly in taste and are either *světlé* (light) or *tmavé* (dark). Dark beers are usually sweeter. Pilsner, a German word, means 'from Pilsen' (Plzeň) and this is where Gambrinus and Primus come from, along with Pilsner Urquell (Plzeňský prazdroj), which is now widely available in Britain. So too are Staropramen (brewed in Prague) and of course Budvar Budweiser (from Budweis, ie České Budejovice; the Czechs had the name before the Americans and the Czech version is far superior). The famous 14th-century brewhouse U Fleků in Prague has its own beer, a strong dark caramel beer rating 13 degrees, served exclusively on the premises. Other notable Bohemian beers are Braník, Krušovické, Velkopopovické, Radegast, Měšťan and Samson. Pubs serve beer in half litres, and usually a waiter brings it to your table. Instead of paying for the beer as you order it, as you would in Britain, a tally is kept on a slip of paper at your table and you pay at the end of the evening. Beer bought in a shop includes a deposit for the bottle.

While Bohemia is mainly a beer country, Moravia, particularly the southern part, produces wine (as does Slovakia). Moravian wine is good and generally not very expensive; it is mainly drunk in restaurants rather than with meals at home. Trips to Moravian wine-cellars are popular, not only for the wine but also for the wonderful music and singing. In Bohemia, the town of Mělník has traditionally produced dry white and red wine (Ludmila). There is a large variety of Sauvignons, including a particularly interesting one from Kroměříž. Most wines are drunk young, but *archivní* (vintage) wines are generally available too. Among light white wines you might try are Ryzlink, Veltlínské zelené and Neuburské; dry reds include Tramín, Rulandské and Sylvánské, along with the sweeter Frankovka and Vavřinecké. As for sparkling wines, Bohemia Sekt is well known. In autumn new wine, *burčák* is drunk for the short period it is available, rather like Beaujolais. In winter, mulled wine is popular.

*As for spirits, becherovka (a digestive herb liqueur) and slivovice
(plum brandy) are the best known. A Moravian variation of cognac
Vizovňák is worth mentioning and so are other herb liqueurs:
Borovička, made with juniper leaves, Praděd and Fernet stock, much
less sweet than Praděd, with a distinctive bitter taste. The local rum,
tuzemský rum, has a different flavour from other better-known rums;
in winter, it forms the basis of the popular hot drink grog .*

I'd like a beer
Chtěl(a) bych pivo
khtʸel(a) beekh pee-vo

2 beers, please
dvě piva, prosím
dvʸe pee-va pro-seem

The wine list, please
Vinný lístek, prosím
vee-nee lees-tek pro-seem

Can you recommend a good wine?
Můžete nám doporučit nějaké dobré víno?
moo-zhe-te nam do-po-roo-cheet nʸe-ya-ke dob-re vee-no

A bottle...
Láhev...
la-hev...

A glass...
Skleničku...
skle-neech-koo...

of beer
piva
pee-va

of wine
vína
vee-na

of red wine
červeného vína
cher-ve-ne-ho vee-na

of white wine
bílého vína
bee-le-ho vee-na

of dry white wine
suchého bílého vína
soo-khe-ho bee-le-ho vee-na

of sparkling wine
sektu
sek-too

What liquers do you have?
Jaké máte likéry?
ya-ke ma-te lee-ke-ree

What spirits do you have?
Jaký máte alkohol?
ya-kee ma-te al-ko-hol

medium dry
středně suché
stʸzhed-nʸe soo-khe

sweet wine
sladké víno
slad-ke vee-no

■ DRINKING ■ EATING OUT

What work do you do?
Jakou práci děláte?
ya-ko^w pra-tsee d^ye-la-te

Do you enjoy it?
Líbí se vám to?
lee-bee se vam to

I'm...	**a doctor**	**a teacher**
Jsem...	doktor(ka)	učitel(ka)
ysem...	*dok-tor(ka)*	*oo-chee-tel(ka)*

I work...	**in a shop**	**in a factory**	**in a bank**
Pracuji...	v obchodě	v továrně	v bance
pra-tsoo-yee...	*v ob-kho-d^ye*	*v to-var-n^ye*	*v ban-tse*

I don't work
Nepracuji
nep-ra-tsoo-yee

I work part-time
Pracuji na půl úvazku
pra-tsoo-yee na pool oo-vaz-koo

I'm unemployed
Jsem nezaměstnaný(á)
ysem ne-za-mn^yest-na-nee(a)

I'm looking for a job
Hledám práci
hle-dam pra-tsee

I work from home
Pracuji doma
pra-tsoo-yee do-ma

I'm retired
Jsem v důchodu
ysem v doo-kho-doo

How much holiday do you get?
Kolik máte dnů dovolené?
ko-leek ma-te dnoo do-vo-le-ne

■ **YOU MAY HEAR**

Podnikám
pod-nee-kam
I'm self-employed

Jsem na volné noze
ysem na vol-ne no-ze
I'm free-lance

■ BUSINESS ■ MAKING FRIENDS

NOUNS

Czech nouns, unlike English ones, can be masculine (m), feminine (f) or neuter (nt), regardless of what they mean: for instance 'girl' is neuter (see below). You can find noun genders in the Czech-English dictionary section. In English most words add '-s' in the plural but in Czech there are various different endings. Here are a few examples to give you a rough idea.

Masculine nouns usually end in a consonant, e.g.

| muž | **man** | muži | **men** |
| hrad | **castle** | hrady | **castles** |

Feminine nouns usually end in a *or* e *, e.g.*

| žena | **woman** | ženy | **women** |
| ulice | **street** | ulice | **streets** |

Neuter nouns usually end in o *,* e *or* í *, e.g.*

| město | **town** | města | **towns** |
| děvče | **girl** | děvčata | **girls** |

Czech has no definite article like **the** *or indefinite article like* **a**, **an**, *although the words* ten ta to ti ty *and* ta *are sometimes used for emphasis, like* **this** *and* **that** *in English, e.g.*

ten muž	**this man**	ti muži	**these men**
ta žena	**this woman**	ty ženy	**these women**
to město	**this town**	ta města	**these towns**

One of the complications of Czech is that nouns and adjectives appear with different endings (cases) according to the part they play in the sentence. For instance 'Prague' is Praha *but 'to Prague' is* do Prahy *, while 'in Prague' is* v Praze *and 'from Prague' is* z Prahy *. In the dictionary section we give nouns and adjectives in the nominative form, but don't be surprised to come across the same word with different endings in different contexts. There are seven cases in all, known as nominative, genitive, dative, accusative, vocative, locative and instrumental.*

ADJECTIVES

Adjectives agree with (have the same ending as) the noun they refer to i.e. masculine, feminine or neuter, singular or plural, plus the relevant case. The most common endings (singular nominative) are -ý (masculine), -á (feminine) and -é (neuter). In Czech as in English the adjective goes in front of the noun.

masculine
starý muž | **the old man**

feminine
krásná žena | **the beautiful woman**

neuter
mladé děvče | **the young girl**

MY, YOUR, HIS, HER

*Words like **my**, **your**, **his**, **her**, etc. also depend on the gender, case and number of the noun they accompany, e.g.:*

masculine	feminine	neuter	
můj	má, moje	mé, moje	**my**
tvůj	tvá, tvoje	tvé, tvoje	**your** (singular, informal)
jeho	jeho	jeho	**his/its**
její	její	její	**her**
náš	naše	naše	**our**
vaš	vaše	vaše	**your** (plural and polite)
jejich	jejich	jejich	**their**

*Here are some examples of how the word for **my** changes according to the part it plays in the sentence:*

můj přítel žije v Praze	**my friend lives in Prague**
dům mého přítele	**the house of my friend**
napsal mému příteli	**he's written to my friend**

PRONOUNS

subject		object	
já	I	mne/mě	me
ty	you	tebe/tě	you
on	he	jeho/ho	him
ona	she	ji	her
ono	it	to	it
my	we	nás	us
vy	you	vás	you
oni/ony	they	je/ně	them

*In Czech, personal pronouns are usually omitted before verbs, since the verb ending is enough to distinguish the person. They are used only to stress the person or to establish the sex of a person, i.e. **he**, **she** (if this isn't clear from the context).*

'YOU'

*There are two ways of addressing people in Czech, depending on their age, how well you know them and how formal or informal the relationship is. **Vy** is the polite or plural form of 'you', and **ty** is the singular, familiar form, which people change over to only when they know each other well. As a tourist you should stick to using **vy** .*

VERBS

Among the most common verbs are **být** *(to be)*, **chtít** *(to want)*, **mít** *(to have) and* **jít** *(to go). Here they are in the present tense:*

být (to be)
(já) jsem I am
(ty) jsi you are
(on/ona/ono) je **(s)he, it is**
(my) jsme **we are**
(vy) jste **you are**
(oni) jsou **they are**

chtít (to want)
chci I want
chceš you want
chce **(s)he, it wants**
chceme we want
chcete you want
chtějí they want

mít **(to have)**	jít **(to go)**
(já) mám **I have**	jdu **I go**
(ty) máš **you have**	jdeš **you go**
(on/ona/ono) má **(s)he, it has**	jde **(s)he, it goes**
(my) máme **we have**	jdeme **we go**
(vy) máte **you have**	jdete **you go**
(oni) mají **they have**	jdou **they go**

To make the verb negative you put ne *in front of it:*

rozumím **I understand**   nerozumím **I don't understand**
vím **I know**   nevím **I don't know**
mluvím česky **I speak Czech** nemluvím česky **I don't speak Czech**

Past tense

In the past tense, the verb agrees with its subject i.e. whether feminine, neuter, singular or plural. You will come across this in the phrases where we include the feminine variation for the past tense, for example:

já jsem byl(a)   **I was** (byl *= masculine,* byla *= feminine)*

ASKING QUESTIONS

To make a yes/no question in Czech you don't need any extra words; all you need to do is raise your voice at the end of the sentence, as you might do informally in English: 'you speak English?'

Mluvíte anglicky?   **Do you speak English?**

To ask a question to which the answer is not yes or no you simply put the relevant word at the beginning of the sentence, as if you were to say "how much this is?" or "you have honey?":

Kolik to stojí?   **How much is this?**
Máte med?   **Do you have any honey?**

DICTIONARY
ENGLISH-CZECH
CZECH-ENGLISH

Key:

adj	*adjective*
vb	*verb*
n	*noun*
m	*masculine*
f	*feminine*
nt	*neuter*

a(n)	see GRAMMAR
about	o ; okolo
what's it about?	o čem to je?
about 7 o'clock	asi sedm hodin
above	nad
accelerator	plyn
accept	přijmout
do you accept credit cards?	přijímáte platební karty?
accident	nehoda
accommodation	ubytování
accountant *m/f*	účetní
I'm an accountant	jsem účetní
ache: *it aches*	bolí to
adaptor *(electrical)*	adaptér
address	adresa
what's your address?	jaká je vaše adresa?
here's my address	to je moje adresa
what's the address?	jakou má adresu?
address book	adresář
adhesive tape	izolepa
admission charge	vstupné
adult	dospělý(-á/-é)
advance: *do I pay in advance?*	platí se předem?
advertisement	reklama
aeroplane	letadlo
after	po
after 4 o'clock	po čtvrté hodině
after dinner	po večeři
afternoon	odpoledne
this afternoon	toto odpoledne
in the afternoon	odpoledne
tomorrow afternoon	zítra odpoledne
again	znovu

age	věk
my age	můj věk
agent *m/f*	zástupce (zástupkyně)
ago	před
2 days ago	před dvěma dny
3 hours ago	před třemi hodinami
how long ago?	před jakou dobou?
ahead: *straight ahead*	rovně
AIDS	AIDS
air conditioning	klimatizace
is there air conditioning?	je tam klimatizace?
air hostess	letuška
airline	letecká společnost
airmail	letecky
air mattress	nafukovací matrace
airplane	letadlo
airport	letiště
to the airport, please	na letiště, prosím
alarm	alarm
fire alarm	požární alarm
smoke alarm	alarm reagující na kouř
alarm call *(by phone)*	budíček po telefonu
can I have an alarm call?	můžete mě vzbudit telefonem?
alarm clock	budík
alcohol	alkohol
without alcohol	bez alkoholu
all *(everybody)*	všichni
(everything)	všechno
allergic to	alergický(-á/é) na
I'm allergic to feathers	jsem alergický na peří
I'm allergic to penicillin	jsem alergický na penicilín
all right	v pořádku

are you all right?	jste v pořádku?
I'm all right	jsem v pořádku
almonds	mandle
also	taky
always	vždy
am: *I am*	jsem ; see **GRAMMAR**
ambulance	sanitka
please call an ambulance	zavolejte sanitku, prosím
America	Amerika
I'm from America	jsem z Ameriky
we're from America	jsme z Ameriky
American adj	americký(-á/-é)
(person) (m/f)	Američan(ka)
amount	množství
anaesthetic	anestetikum
and	a
angry	rozzlobený(-á/-é)
I'm angry	zlobím se
ankle	kotník
another: *another beer*	ještě jedno pivo
another coffee	ještě jednu kávu
answer n	odpověď
there's no answer (phone)	nikdo to nebere
answer vb	odpovídat
answering machine	záznamník
antibiotics	antibiotika
I'm on antibiotics	beru antibiotika
I need antibiotics	potřebuji antibiotika
antifreeze	nemrznoucí směs
antiques	starožitnosti
antiseptic	dezinfekce
ants	mravenci
any (some)	nějaký(-á/-é)

apartment	byt
apples	jablka
appointment	schůzka
I have an appointment	mám schůzku
do I need an appointment?	musím se objednat?
apricots	meruňky
are	*see* **GRAMMAR**
arm	paže
my arm hurts	bolí mě paže
arrest *vb*	zatknout
he has been arrested	byl zatčen
arrivals *(airport)*	přílety
(train, bus, tram)	příjezdy
arrive *(plane)*	přiletět
(train, bus, tram)	přijet
when does it arrive? (plane)	kdy přiletí?
when does it arrive? (train, etc)	kdy přijede?
art gallery	galerie
arthritis	artritida
I've got arthritis	mám artritidu
he/she has arthritis	má artritidu
artichokes	artyčoky
article	předmět
artist *m/f*	umělec (umělkyně)
ashtray	popelník
asparagus	chřest
aspirin	aspirin
I need some aspirin	potřebuji aspirin
have you any aspirin?	máte aspirin?
asthma	astma
I get asthma	dostávám astma
it gives me asthma	dostávám z toho astma
he/she has asthma	má astma

at	v ; *see* **GRAMMAR**
at home	doma
at the hotel	v hotelu
at once	najednou
attack *vb*	napadnout
I've been attacked	byl(a) jsem napaden(a)
he/she has been attacked	byl(a) napaden(a)
attack *n*	útok
heart attack	infarkt
panic attack	panické zděšení
attractive *(person)*	atraktivní
aubergine	lilek
August	srpen
aunt	teta
my aunt	moje teta
Australia	Austrálie
I'm from Australia	jsem z Austrálie
we're from Australia	jsme z Austrálie
automatic car	auto s automatickou převodovkou
autumn	podzim
in autumn	na podzim
away: go away!	běžte pryč!
awful: it's awful!	je to strašné!
baby	nemluvně
baby food	potrava pro nemluvňata
baby-sitter	baby-sitter
bachelor	starý mládenec
back *(of body)*	záda
back: when will he/she be back?	kdy bude zpátky?

he/she is back	je zpátky
backache	bolest zad
backpack	ruksak
bacon	slanina
bad *(meat, fruit, etc)*	zkažené
bag	taška
handbag	taška ; kabelka
bumbag	ledvinka
baggage	zavazadlo
baggage reclaim	výdej zavazadel
bait *(for fishing)*	návnada
baker's	pekařství
bald *(person)*	plešatý(-á/-é)
ball	míč
banana	banán
band *(musical)*	skupina
band-aid®	leukoplast
bandage	obvaz
bank	banka
bank account	bankovní konto
bar	bar
is there a bar?	je tam bar?
where is the bar?	kde je bar?
barber's	holičství
basket	koš
bath	koupel
bathing cap	koupací čepice
bathroom	koupelna
where is the bathroom?	kde je koupelna?
with bathroom	s koupelnou
battery	baterie
the battery is flat	baterie je vybitá
I need batteries for this	potřebuji do toho baterie

be	*see* **GRAMMAR**
beans	fazole
beautiful	krásný(-á/-é)
bed	postel
double bed	manželská postel
single bed	postel pro jednu osobu
bedlinen	povlečení
I need more bedlinen	potřebuji další povlečení
the bedlinen is dirty	povlečení je špinavé
bedroom	ložnice
bee	včela
beef	hovězí
beer	pivo
a glass of beer, please	jedno pivo, prosím
a bottle of beer, please	láhev piva, prosím
beetroot	řepa
before	před
before 4 o'clock	před čtvrtou
before dinner	před večeří
begin	začít
when does it begin?	kdy to začíná?
behind	za
believe	věřit
I don't believe you	nevěřím vám
bell *(door)*	zvonek
below	pod
belt	pásek
money belt	bezpečnostní pásek na peníze
seat belt	bezpečnostní pás
beside *(next to)*	vedle
best	nejlepší
better (than)	lepší (než)

bicycle	kolo
I'd like to hire a bicycle	chtěl(a) bych si půjčit kolo
we'd like to hire bicycles	chtěli bychom si půjčit kola
big	velký(-á/-é)
bigger	větší
biggest	největší
bill	účet
the bill, please	účet, prosím
bin *(for rubbish)*	odpadkový koš
binoculars	dalekohled
bird	pták
birthday	narozeniny
happy birthday	všechno nejlepší k narozeninám
birthday card	přání k narozeninám
biscuits	sušenky
bit: *a bit*	trochu
bite n *(insect)*	bodnutí
(dog)	kousnutí
bitter *(taste)*	hořký(-á/-é)
black	černý(-á/-é)
blackcurrant	černý ryoíz
blanket	deka
I need an extra blanket	potřebuji další deku
blind adj *(person)*	slepý(-á/-é)
blinds *(for window)*	rolety
blister	puchýř
blocked	ucpaný(-á/-é)
the sink is blocked	dřez je ucpaný
the drain is blocked	kanál je ucpaný
blood	krev
blood group	krevní skupina
blood poisoning	otrava krve

blue	modrý(-á/-é)
boarding card	palubní lístek
boarding-house	penzion
boat *(big)*	loď
(small)	člun
boat trip	výlet lodí
is there a boat trip?	pořádá se výlet lodí?
when is the boat trip?	kdy je výlet lodí?
how much is the boat trip?	kolik stojí výlet lodí?
boiled *(food)*	uvařený(-á/-é)
I need boiled water	potřebuji převařenou vodu
bone	kost
is the bone broken?	je ta kost zlomená?
book *n*	kniha
guidebook	průvodce
book *vb*	zamluvit si
I've booked	zamluvil(a) jsem si
booking office	pokladna
bookshop	knihkupectví
boots	boty
border *(of country)*	hranice
boring: *it's boring*	je to nudné
both	oba
bottle	láhev
a bottle of water	láhev vody
a bottle of wine	láhev vína
a hot-water bottle	termofor
bottle-opener	otvírák na láhve
box	krabice
box office	pokladna
boy	chlapec
boyfriend	přítel
my boyfriend	můj přítel

bra	podprsenka
bracelet	náramek
brake fluid	brzdová kapalina
brakes	brzdy
the brakes don't work	brzdy nefungují
brandy	brandy ; koňak
bread	chleba
do you sell bread?	prodáváte chleba?
some bread, please	chleba, prosím
break *vb*	rozbít
breakable	rozbitný(-á/-é)
breakdown *(car)*	porucha
breakfast	snídaně
what is there for breakfast?	co je k snídani?
what time is breakfast?	v kolik hodin je snídaně?
breast *(chicken)*	prsíčka
breathe	dýchat
I can't breathe	nemohu dýchat
brewery	pivovar
bridge *(road, etc)*	most
briefcase	kufřík ; aktovka
bring	přinést
what should I bring?	co mám přinést?
Britain	Británie
I'm from Britain	jsem z Británie
we're from Britain	jsme z Británie
it's made in Britain	je to vyrobené v Británii
postcards to Britain	pohledy do Británie
British *adj*	britský(-á/-é)
brochure	brožura
broken	rozbité
broken: *it's broken*	je to rozbité
broken down	rozbilo se

the car's broken down	auto se rozbilo
brother	bratr
my brother	můj bratr
brown	hnědý(-á/-é)
brush	kartáč
hairbrush	kartáč na vlasy
paintbrush	štětec
bucket	kbelík
buffet car	jídelní vůz
bulb *(light)*	žárovka
bureau de change	směnárna
burglary	vloupání
there's been a burglary	došlo k vloupání
burn *n*	popálenina
burn *vb*	spálit
I've burned my hand	spálil jsem si ruku
burnt: it's burnt	je to spálené
bus	autobus
can I go by bus?	mohu jet autobusem?
can we go by bus?	můžeme jet autobusem?
the bus to the centre	autobus do centra
bus station	autobusové nádraží
where is the bus station?	kde je autobusové nádraží?
bus stop	autobusová zastávka
bus tour	zájezd autobusem
busy	zaneprázdněný(-á/-é)
I'm busy	mám moc práce
will it be busy?	bude tam velký provoz?
butcher's	řeznictví
butter	máslo
button	knoflík
buy	koupit
where can I buy milk?	kde mohu koupit mléko?

where can I buy bread?	kde mohu koupit chleba?
can I buy this?	mohu si to koupit?
by: *by bus*	autobusem
by taxi	taxíkem
by train	vlakem
by car	autem
cabbage	zelí
café	kavárna
cake	zákusek ; koláč ; dort
calculator	kalkulačka
calendar	kalendář
call *vb (on phone)*	telefonovat
call *n (phone)*	telefonický hovor
a long-distance call	meziměstský hovor
a local call	místní hovor
an international call	mezinárodní hovor
camcorder	videokamera
camera	fotoaparát
camp site	kemp
where is the camp site?	kde je kemp?
can: *can I...?*	mohu...?
can we...?	můžeme...?
can *n*	konzerva ; plechovka
a can of peaches	konzerva broskví
a can of oil (for car)	plechovka oleje
cancel	zrušit
I want to cancel my booking	chci zrušit rezervaci
candle	svíčka
canoe	kánoe
can-opener	otvírák na konzervy

car	auto
car park	parkoviště
car seat *(for child)*	dětská autosedačka
car wash	myčka aut
carafe	karafa
a carafe of red wine	karafa červeného vína
a carafe of white wine	karafa bílého vína
caravan	karavan
card *(greetings)*	pohled
(playing)	karty
credit card	kreditní karta
carpet *(rug)*	koberec
carriage *(of train)*	železniční vagón
carrots	mrkve
carry	nosit
cash *n*	hotovost
cash *vb*	proplatit
cash desk	pokladna
cassette	kazeta
have you it on cassette?	máte to na kazetě?
cassette player	kazetový magnetofon
castle	hrad
cat	kočka
catch *(bus, train, etc)*	stihnout
cave	jeskyně
CD	kompaktní disk
have you it on CD?	máte to na kompaktním disku?
CD player	CD přehrávač
cemetery	hřbitov
centimetre	centimetr
central	centrální
centre	střed

town centre	střed města
century	století
14th century	čtrnácté století
20th century	dvacáté století
which century?	v jakém století?
certificate	potvrzení
chain (jewellery)	řetízek
chair	židle
champagne	šampaňské
change n (loose coins)	drobné
where's my change?	kde jsou drobné?
keep the change	nechte si drobné
change vb	vyměnit
where can I change money?	kde si mohu vyměnit peníze?
changing-room	šatna
where is the changing-room?	kde je šatna?
charge (fee)	poplatek
cheap	levný(-á/-é)
cheaper	levnější
have you anything cheaper?	máte něco levnějšího?
cheapest	nejlevnější
I want the cheapest	chci to nejlevnější
check in (at hotel)	ubytovat se
check-in desk (at hotel)	recepce
cheers!	na zdraví!
cheese	sýr
do you sell cheese?	prodáváte sýry?
what cheese do you have?	jaké sýry máte?
chemist's (pharmacy)	lékárna
(for cosmetics)	drogerie
where's the chemist's?	kde je lékárna/drogerie?
cheque	šek
traveller's cheques	cestovní šeky

cheque book	šeková knížka
cheque card	šeková karta
cherries	třešně
chest *(of body)*	hruď
chestnuts	kaštany
chewing-gum	žvýkačka
chicken	kuře
chickenpox	plané neštovice
child	dítě
my child	moje dítě
children	děti
my children	moje děti
chilli	chilli
chips	hranolky
chocolate	čokoláda
hot chocolate	horká čokoláda
milk chocolate	mléčná čokoláda
dark chocolate	hořká čokoláda
chocolates	čokolády
choose: can I choose?	mohu si vybrat?
you choose	vyberte to vy
chop *(meat)*	kotleta
Christmas	Vánoce
Merry Christmas!	veselé Vánoce!
church	kostel
Protestant church	protestantský kostel
Catholic church	katolický kostel
cigar	doutník
cigarettes	cigarety
a packet of cigarettes	balíček cigaret
cinema	kino
where is the cinema?	kde je kino?
what's on at the cinema?	co se hraje v kině?

circus	cirkus
city	město
city centre	střed města
clean *adj*	čistý(-á/-é)
it's not clean	to není čisté
please bring a clean knife	přineste mi, prosím, čistý nůž
please bring a clean glass	přineste mi, prosím, čistou sklenici
please bring a clean towel	přineste mi, prosím, čistý ručník
clean *vb*	vyčistit ; uklidit
please clean...	prosím, vyčistěte...
please clean the bath	prosím, vyčistěte tu vanu
please clean my room	prosím, ukliďte můj pokoj
climbing: to go climbing	jít lézt
cloakroom	šatna
where is the cloakroom?	kde je šatna?
is there a cloakroom?	je tady šatna?
clock	hodiny
close *vb*	zavírat
when does it close	kdy se zavírá?
closed	zavřený(-á/-é)
is it closed?	je to zavřené?
cloth *(fabric)*	látka
clothes	oblečení
clothes peg	kolíček na prádlo
clove *(spice)*	hřebíček
club *(sports, social)*	klub
coach	autobus
coach trip	výlet autobusem
coat	kabát
coat hanger	ramínko
I need more coat hangers	potřebuji více ramínek

Coca-Cola®	Coca-Cola
cocoa	kakao
coconut	kokosový ořech
coffee	káva
white coffee	bílá káva
black coffee	černá káva
iced coffee	ledová káva
coin	mince
does it take coins?	je to na mince?
which coins?	jaké mince?
Coke®	Coke
colander	cedník
cold *n*	rýma
I have a cold	mám rýmu
cold *adj*	studený(-á/-é)
I'm cold	je mi zima
it's cold (weather)	je zima
it's cold (food, room, etc)	je studený
colour	barva
a different colour	jiná barva
comb	hřeben
come *(arrive)*	přijít
come in!	vstupte!
comfortable	pohodlný(-á/-é)
the bed is not comfortable	ta postel není pohodlná
company *(business)*	společnost
compartment *(on train)*	kupé
complaint	stížnost
I want to make a complaint	chci si stěžovat
computer	počítač
concert	koncert
classical concert	koncert vážné hudby
pop concert	koncert populární hudby

117

concussion	otřes mozku
conditioner (for hair)	kondicionér
condoms	kondomy
a packet of condoms	balíček kondomů
where can I buy condoms?	kde si mohu koupit kondomy?
conductor (bus, etc)	průvodčí
conference	konference
confirm	potvrdit
I want to confirm my booking	chci potvrdit rezervaci
please confirm in writing	prosím, potvrďte písemně
congratulations!	blahopřeji!
connection (train, plane)	spojení
I missed my connection	zmeškal(a) jsem spojení
is there a connection?	je tam spojení?
constipated: I'm constipated	mám zácpu
he/she is constipated	má zácpu
consulate	konzulát
British consulate	britský konzulát
American consulate	americký konzulát
contact lens	kontaktní čočka
contact lens cleaner	prostředek na čištění kontaktních čoček
contraceptives	antikoncepce
cook vb	vařit
cooker	sporák
cool box (for picnics)	přenosná lednička
copper	měď
copy n	kopie
I need a copy of this	potřebuji kopii
copy vb (photocopy)	kopírovat
coriander	koriandr
corkscrew	vývrtka

I need a corkscrew — potřebuji vývrtku
corner *(of street)* — roh
cot — dětská postýlka
cost *vb* — stát
  how much does it cost? — kolik to stojí?
cotton — bavlna
  is it cotton? — je to bavlna?
cotton wool — vata
couchette — lehátko ve vlaku
cough *vb* — kašlat
cough sweets — bonbóny proti kašli
country — země
  what country are you from? — ze které jste země?
countryside — venkov
couple *(two people)* — pár
course *(of meal)* — chod
cow — kráva
crash — náraz
  there's been a crash — došlo k nárazu
crash helmet — ochranná přilba
cream *(for face, etc)* — krém
  (on milk) — smetana
credit card — kreditní karta
  I've lost my credit card — ztratil(a) jsem kreditní kartu
crisps — brambůrky
crowded: will it be crowded? — bude tam plno?
cruise *n* — výletní loď
cry *vb (weep)* — plakat
cucumber — okurka
cup — šálek
cupboard — skříň
currant — rybíz
current — proud

curtains	záclony
cushion	polštář
customs control	celní kontrola
cut n	řez
cut vb	řezat
he's cut himself	pořezal se
cycle vb	jezdit na kole
damage n	škoda
this is damaged	je to poškozeno
dance n	tanec
dance vb	tancovat
would you like to dance?	chcete si zatancovat?
where can we go dancing?	kam si můžeme jít zatancovat?
danger	nebezpečí
dangerous	nebezpečný(-á/-é)
is it dangerous?	je to nebezpečné?
dark	tmavý(-á/-é)
when does it get dark?	kdy se stmívá?
date (day)	datum
what is the date?	kolikátého je?
date of birth	datum narození
dates (fruit)	datle
daughter	dcera
my daughter	moje dcera
dawn	svítání
day	den
which day?	který den?
deaf	hluchý(-á/-é)
I'm deaf	jsem hluchý

she's deaf	je hluchá
decaffeinated coffee	káva bez kofeinu
have you decaff?	máte kávu bez kofeinu?
December	prosinec
deck chair	lehátko
declare	proclít
nothing to declare	nic k proclení
I want to declare this	chci to proclít
deep	hluboký(-á/-é)
is the water deep?	je ta voda hluboká?
defrost	rozmrazit
delay *n*	zpoždění
is there a delay?	má to zpoždění?
what's the delay?	jaké to má zpoždění?
delicatessen	lahůdky
delicious: *this is delicious!*	je to výborné!
dentist *(m/f)*	zubař(ka)
I need to see a dentist	potřebuji jít k zubaři
dentures	protézy
my dentures are broken	moje protéza je rozbitá
deodorant	dezodorant
department store	obchodní dům
departures	odjezdy
deposit	záloha
is there a deposit?	platí se záloha?
how much is the deposit?	kolik je záloha?
dessert	zákusek
detergent	saponát
develop	vyvolat
can you develop these photos?	můžete vyvolat tyto fotky?
diabetic	diabetik (diabetička)
I'm diabetic	jsem diabetik
she's diabetic	je diabetička

dialling code	předčíslí ; volačka
dialling code for Britain	předčíslí do Británie
diamond	diamant
diarrhoea	průjem
I need something for diarrhoea	potřebuji něco proti průjmu
diary	deník ; diář
dictionary	slovník
do you have a dictionary?	máte slovník?
diesel	nafta
where can I get diesel?	kde se dá koupit nafta?
diet	dieta
I'm on a diet	mám dietu
different	jiný(-á/-é)
difficult: *it's difficult*	je to těžké
dining room	jídelna
dinner	večeře
when is dinner?	kdy je večeře?
direct: *is it a direct train?*	je to přímý vlak?
can I dial direct?	mohu volat přímo?
directory *(telephone)*	telefonní seznam
have you a directory?	máte telefonní seznam?
directory enquiries	informace o telefonních číslech
dirty	špinavý(-á/-é)
this is dirty	je to špinavé
disabled *(person)*	zdravotně postižený(-á)
disco	diskotéka
is there a disco?	je tam diskotéka?
where is the disco?	kde je diskotéka?
discount	sleva
is there a discount?	je nějaká sleva?
a discount for children	dětská sleva
a student discount	studentská sleva

a discount for senior citizens	sleva pro důchodce
disease	nemoc
dish: *what's in this dish?*	co je to za jídlo?
dishwasher	myčka na nádobí
disinfectant	dezinfekční prostředek
have you any disinfectant?	máte dezinfekční prostředek?
distilled water	destilovaná voda
diversion	objížďka
divorced *(m/f)*	rozvedený(-á)
I'm divorced	jsem rozvedený
are you divorced?	jste rozvedený(-á)?
dizzy: *I feel dizzy*	mám závrať
doctor *(m/f)*	doktor(ka)
I need a doctor	potřebuji doktora
I'm a doctor	jsem doktor(ka)
documents	doklady
where are the documents?	kde jsou doklady?
dog	pes
doll	panenka
dollar	dolar
10 dollars	deset dolarů
door	dveře
double bed	dvoulůžko
we want a double bed	chceme dvoulůžko
double room	pokoj pro dvě osoby
downstairs	dole
drain	odpad
the drain's blocked	odpad je ucpaný
draught: *there's a draught*	je tu průvan
drawer	zásuvka
dress *n*	šaty
dressing *(for food)*	zálivka

drink n	pití
I want a cold drink	chci studené pití
drink vb	pít
what would you like to drink?	co chcete k pití?
drinking water	pitná voda
drive vb	řídit
I don't drive	neřídím
he/she will drive	on/ona bude řídit
driver (m/f)	řidič (řidička)
driving licence	řidičský průkaz
my driving licence	můj řidičský průkaz
drown	utopit
drunk	opilý(-á/-é)
I'm drunk	jsem opilý
she's drunk	je opilá
drug	lék
dry vb	usušit
dry-clean	vyčistit
dry-cleaner's	čistírna
duck	kachna
dummy (for baby)	dudlík
dust n	prach
duty-free shop	duty-free obchod
duvet	peřina
dynamo	dynamo
ear	ucho
earache	bolest ucha
I have earache	bolí mě ucho
early	brzo
earrings	naušnice

earthquake	zemětřesení
east	východ
Easter	Velikonoce
easy	snadný(-á/-é)
is it easy?	je to snadné?
it's easy	to je snadné
eat	jíst
I don't eat meat	nejím maso
egg	vejce
fried egg	smažené vejce
hard-boiled egg	vejce na tvrdo
scrambled eggs	míchaná vejce
elastic band	elastická guma
electric	elektrický(-á/-é)
electric razor	elektrický holicí strojek
electrician	elektrikář
electricity meter	elektroměr
embassy	velvyslanectví
British embassy	britské velvyslanectví
American embassy	americké velvyslanectví
emergency	naléhavá situace
it's an emergency	je to naléhavá situace
empty: it's empty	je to prázdné
end: when does it end?	kdy se končí?
engaged (to be married)	zasnoubený(-á/-é)
(busy, occupied)	obsazený(-á/-é)
I'm engaged (female)	jsem zasnoubená
it's engaged (phone, toilet)	je obsazeno
engine	motor
the engine doesn't work	motor nefunguje
England	Anglie
I'm from England	jsem z Anglie
we're from England	jsme z Anglie

postcards to England	pohled z Anglie
English *(person) (m/f)*	Angličan(ka)
adj	anglický(-á/-é)
do you speak English?	mluvíte anglický?
enjoy: *I enjoy swimming*	rád(a) plavu
I enjoy playing tennis	rád(a) hraji tenis
enough: *that's enough*	to je dost ; to stačí
it's not enough	to není dost
enquiry desk	informace
entertainment	zábava
entrance	vchod
where's the entrance?	kde je vchod?
entrance fee	vstupné
how much is the entrance fee?	kolik stojí vstupné?
envelope	obálka
I need an envelope	potřebuji obálku
epileptic	epileptický(-á/-é)
she is epileptic	je epileptička
escalator	eskalátor
escape: *fire escape*	úniková cesta v případě požáru
Eurocheque	Eurošek
do you take Eurocheques?	berete Eurošeky?
Europe	Evropa
eve	předvečer
Christmas Eve	Štědrý den
evening	večer
in the evening	večer
this evening	dnes večer
tomorrow evening	zítra večer
evening meal	večeře
every	každý(-á/-é)
every day	každý den

every Saturday	každou sobotu
every year	každý rok
everyone	každý(-á/-é)
everything	všechno
excellent	vynikající
excess luggage	zavazadlo nad váhu
exchange rate	kurs
what is the exchange rate?	jaký je kurs?
exciting	vzrušující
excursion	výlet
is there an excursion to...?	koná se výlet do...?
excuse me!	promiňte!
exhaust pipe	výfuk
exhibition	výstava
exit	východ
where's the exit?	kde je východ?
emergency exit	nouzový východ
expensive	drahý(-á/-é)
it's too expensive	to je příliš drahé
it's very expensive	to je velmi drahé
expire (ticket, etc)	pozbýt platnosti
when does it expire?	kdy to pozbývá platnosti?
it's expired	pozbylo to platnosti
explain	vysvětlit
please explain	vysvětlete to, prosím
eye	oko
I have an eye infection	mám oční zánět
face	obličej
factory	továrna
I work in a factory	pracuji v továrně

faint	omdlít
he(she) has fainted	omdlel(a)
fair *(hair)*	světlý(-á/-é)
fake: *this is a fake*	tohle je napodobenina
fall *vb*	padat
he(she) has fallen	spadl(a)
family	rodina
my family	moje rodina
I have a large family	mám velkou rodinu
I have a small family	mám malou rodinu
famous	slavný(-á/-é)
fan *(hand-held)*	vějíř
(electric)	ventilátor
(supporter) (m/f)	fanoušek (fanynka)
fan belt	ventilační klapka
far	daleko
is it far?	je to daleko?
fare *(train, bus, etc)*	jízdné
how much is the fare?	kolik stojí jízdné?
farm	statek
farmer	zemědělec
I'm a farmer	jsem zemědělec
fast	rychle
too fast	příliš rychle
fat *adj*	tlustý(-á/-é)
father	otec
my father	můj otec
father-in-law	tchán
fault *(defect)*	vada
it's not my fault	to není moje chyba
favourite	oblíbený(-á/-é)
fax	fax
feathers	peří

I'm allergic to feathers	jsem alergický(-á) na peří
February	únor
feed: *I have to feed my baby*	musím nakrmit dítě
feel	cítit
I feel sick	je mi špatně
I feel ill	cítím se nemocný(-á)
I feel tired	cítím se unavený(-á)
ferry	trajekt
festival	festival
fetch	přinést
I have to fetch my suitcase	musím přinést svůj kufr
few	málo
a few	několik
fiancé	snoubenec
fiancée	snoubenka
fifth	pátý(-á/-é)
figs	fíky
file *(nail)*	pilník
fill (up)	naplnit
fill it up!	naplň to!
fillet *(steak)*	fillet
film	film
filter	filtr
oil filter	olejový filtr
find	najít
I can't find...	nemohu najít...
I can't find my passport	nemohu najít pas
I can't find my purse	nemohu najít peněženku
fine *n (to be paid)*	pokuta
fine *adj (weather)*	pěkný(-á/-é)
finish *vb*	končit
when does it finish?	kdy to skončí?
fire	oheň

there's a fire!	hoří!
fire alarm	požární alarm
fire brigade	požární sbor
fire extinguisher	hasicí přístroj
fireworks	ohňostroj
first	první
first aid	první pomoc
first class	první třída
a first class ticket	jízdenka první třídy
first floor	první poschodí
on the first floor	v prvním poschodí
first name	křestní jméno
my first name is Ian	jmenuji se Ian
fish *n*	ryba
do you have fish?	máte ryby?
I like fish	mám rád(a) ryby
I don't like fish	nemám rád(a) ryby
fish *vb*	chytat ryby
fishing-rod	rybářský prut
fit: *it doesn't fit me*	nesedí mi to
fix	opravit
can you fix it?	můžete to opravit?
fizzy: *is it fizzy?*	je to perlivé?
flag	vlajka
flash *(for camera)*	blesk
did it flash?	byl tam blesk?
does it need a flash?	mám použít blesk?
flask	termoska
flat *n (apartment)*	byt
flat *adj*	plochý(-á/-é)
(beer)	zvětralé
flat tyre	prázdná pneumatika
I have a flat tyre	mám prázdnou pneumatiku

fleas	blechy
flight	let
my flight is at ... o'clock	letím v ... hodin
flippers	ploutve
flood	povodeň
floor	poschod ; podlaha
first floor	první poschodí
ground floor	přízemí (P)
second floor	druhé poschodí
flour	mouka
flowers	květiny
flu	chřipka
I've got flu	mám chřipku
he/she has flu	má chřipku
fly n	moucha
fly vb	letět
I'm flying tomorrow	zítra odlétám
I'm flying with BA	letím BA
fog	mlha
foil (silver)	alobal
follow	sledovat
that man is following me	ten muž mě sleduje
food	jídlo
food poisoning	otrava jídlem
I've got food poisoning	mám otravu jídlem
he/she has food poisoning	má otravu jídlem
foot	noha
my foot hurts	bolí mě noha
football (game)	fotbal ; kopaná
for	pro
for me	pro mě
for you	pro vás
for him/her	pro něj/ni

for us	pro nás
foreign	cizí
forecast (weather)	předpověď počasí
is the forecast good?	je předpověď počasí dobrá?
forest	les
forever	navždy
forget	zapomenout
I've forgotten my key	zapomněl(a) jsem si klíč
fork (for eating)	vidlička
(in road)	rozcestí
fortnight	čtrnáct dní
forward(s)	dopředu
fountain	vodotrysk ; fontána
fourth	čtvrtý(-á/-é)
fracture n	zlomenina
free (unoccupied)	volný(-á/-é)
(costing nothing)	zadarmo
freezer	mrazák
French (person) (m/f)	Francouz(ka)
adj	francouzský(-á/-é)
do you speak French?	mluvíte francouzsky?
frequent	často
are the buses frequent?	jezdí autobusy často?
fresh	čerstvý(-á/-é)
fresh fish	čerstvá ryba
fresh fruit	čerstvé ovoce
fresh milk	čerstvé mléko
fresh vegetables	čerstvá zelenina
is it fresh?	je to čerstvé?
Friday	pátek
on Friday	v pátek
fridge	lednička
fried (food)	smažený(-á/-é)

English	Czech
friend	přítel(kyně) ; kamarád(ka)
my friends	moji přátelé ; moji kamarádi
from	od
I'm from Scotland	jsem ze Skotska
I'm from London	jsem z Londýna
front	přední
can I sit in the front?	mohu sedět vepředu?
frozen	mražený(-á/-é)
frozen fish	mražená ryba
frozen vegetables	mražená zelenina
is it frozen?	je to mražené?
fruit	ovoce
what fruit do you have?	jaké ovoce máte?
fruit juice	ovocný džus
fruit salad	ovocný salát
frying pan	pánvička
fuel	palivo
fuel pump	benzinová pumpa
full	plný(-á/-é)
full board	plná penze
funfair	lunapark
funny *(amusing)*	legrační ; veselý(-á/-é)
fur	kožešina
furniture	nábytek
fuse	pojistka
the fuse has blown	jsou vyhozené pojistky
gallery *(art)*	galerie
gallon	= approx. 4.5 litres
game *(sport)*	hra
(meat)	zvěřina

garage (private)	garáž
(selling petrol, etc)	čerpací stanice ; autoopravna
garden	zahrada
garlic	česnek
I don't like garlic	nemám rád(a) česnek
gas	plyn
I can smell gas	cítím plyn
the gas has run out	došel plyn
gas cylinder	propanbutanová lahev
gate (at airport)	východ
which gate is it?	jaký východ to je?
gents'	muži ; páni
genuine: *is this genuine?*	je to pravé?
German (person) (m/f)	Němec (Němka)
adj	německý(-á/-é)
do you speak German?	mluvíte německy?
German measles	zarděnky
Germany	Německo
get (obtain)	dostat
(receive)	obdržet
(fetch)	přinést
get into	dostat se někam
get off (bus, etc)	vystoupit
gift	dárek
gift shop	obchod s dárky
ginger	zázvor
girl	dívka
girlfriend	přítelkyně ; dívka
my girlfriend	moje přítelkyně
give	dávat
(give back)	vrátit
glass (substance)	sklo

(for drink)	sklenice
a glass of water	sklenice vody
a glass of wine	sklenice vína
glasses *(spectacles)*	brýle
gloves	rukavice
glue	lepidlo
go *(on foot)*	jít
(in vehicle)	jet
go back	vrátit se
go down *(descend)*	sejít
go in	vejít
go out	odejít
goggles *(for swimming)*	potápěčské brýle
gold	zlato
is it gold?	je to zlato?
golf	golf
golf ball	golfový míček
golf club	golfová hůl
golf course	golfové hřiště
good	dobrý(-á/-é)
good afternoon	dobré odpoledne
goodbye	nashledanou
good day	dobrý den
good evening	dobrý večer
good morning	dobré ráno
goodnight	dobrou noc
goose	husa
gram	gram
150 gram of...	sto padesát gramů...
grandfather	dědeček
my grandfather	můj dědeček
grandmother	babička
my grandmother	moje babička

grandparents	prarodiče
my grandparents	moji prarodiče
grapefruit	grep
grapefruit juice	grepfrutový džus
grapes	hrozny
grass	tráva
Great Britain	Velká Británie
green	zelený(-á/-é)
green card (car insurance)	zelená karta
grey	šedivý(-á/-é)
grilled	grilovaný(-á/-é)
grocer's	potraviny
ground floor	přízemí (P)
group (of people)	skupina
is there a group discount?	mají skupiny slevu?
guarantee n	záruka
guard	hlídka
guest (m/f)	host
guest house	penzion
guide (m/f)	průvodce (průvodkyně)
guidebook	průvodce
guided tour	okružní jízda
when is the guided tour?	kdy začíná okružní jízda?
how much is the guided tour?	kolik stojí okružní jízda?
gym shoes	cvičky
Gypsy (m/f)	Róm(ka)

hair	vlasy
hairbrush	kartáč na vlasy
haircut	sestřih vlasů
hairdresser's (for women)	kadeřnictví

hair dryer	fén
can I borrow a hair dryer?	mohu si půjčit fén?
half	polovina ; půl
half board	polopenze
half bottle	poloviční láhev
half an hour	půl hodiny
half-price	poloviční cena
ham	šunka
hand	ruka
handbag	kabelka ; taška
handbrake	ruční brzda
handkerchief	kapesník
hand luggage	ruční zavazadlo
hand-made	ruční práce
is it hand-made?	je to ruční práce?
happen	stát se ; přihodit se
what happened?	co se stalo?
when did it happen?	kdy se to stalo?
happy	šťastný(-á/-é)
happy birthday!	všechno nejlepší k narozeninám
harbour	přístav
hard *(tough)*	tvrdý(-á/-é) ; tuhý(-á/-é)
(difficult)	těžký(-á/-é)
hat	klobouk
have	mít ; see **GRAMMAR**
hay fever	senná rýma
I get hay fever	trpím sennou rýmou
hazelnut	lískový oříšek
he	on ; see **GRAMMAR**
head	hlava
headache	bolest hlavy
I've got a headache	bolí mě hlava

hear	slyšet
I can't hear	neslyším
hearing aid	naslouchátka
heart	srdce
heart attack	infarkt
he(she) has had a heart attack	měl(a) infarkt
heater	topné těleso
heating	topení
the heating is not working	topení nefunguje
heavy	těžký(-á/-é)
it's very heavy	je to velice těžké
height	výška
hello	dobrý den ; ahoj
help!	pomoc!
help vb	pomáhat
can you help me?	můžete mi pomoct?
hepatitis	žloutenka
her	její
herbs	bylinky
here	tady
it's here	je to tady
it's not here	není to tady
high	vysoký(-á/-é)
high blood pressure	vysoký tlak krve
I've high blood pressure	mám vysoký tlak krve
he/she has high blood pressure	má vysoký tlak krve
high chair	dětská stolička
do you have a high chair?	máte dětskou stoličku?
hill-walking	chození po horách
I want to go hill-walking	chci chodit po horách
hire	půjčit si
can we hire bikes?	můžeme si půjčit kola?
I want to hire a car	chci si půjčit auto

his	jeho
hitch-hike vb	stopovat
hold (contain)	obsahovat
hole	díra
holiday	svátek ; volný den
to be on holiday	být na dovolené
I'm on holiday	mám dovolenou
are you on holiday?	máš dovolenou?
home	domov
is he/she at home?	je doma?
homemade	domácí
honey	med
honeymoon	svatební cesta
we're on honeymoon	jsme na svatební cestě
hope	doufat
I hope so	doufám, že ano
I hope not	doufám, že ne
hors d'œuvre	předkrm
horse	kůň
hospital	nemocnice
where is the hospital?	kde je nemocnice?
to the hospital, please	do nemocnice, prosím
hot	horký(-á/-é) ; pálivý(-á/-é)
I'm hot	je mi horko
it's too hot (room)	je tu příliš horko
hotel	hotel
I'm staying at ... Hotel	jsem ubytovaný v hotelu...
my hotel	můj hotel
our hotel	náš hotel
hour	hodiny
in an hour's time	za hodinu
half an hour	půl hodina
3 hours	tři hodiny

house	dům
how	jak
how much/many?	kolik?
how are you?	jak se máte?
hungry: *I'm hungry*	mám hlad
hurry: *I'm in a hurry*	spěchám
hurt: *it hurts*	bolí to
husband	manžel
my husband	můj manžel
your husband	váš manžel
I	já ; *see* **GRAMMAR**
ice	led
with ice	s ledem
ice cream	zmrzlina
ice lolly	nanuk
iced	ledový(-á/-é)
iced coffee	ledová káva
iced tea	ledový čaj
iced water	ledová voda
ignition	zapalování
ill	nemocný(-á/-é)
I'm ill	jsem nemocný
she is ill	je nemocná
immediately	okamžitě
important	důležitý(-á/-é)
it's very important	je to velmi důležité
impossible: *it's impossible*	je to nemožné
in	v
inch	= *approx. 2.5 cm*
included	včetně

is service included?	je to včetně obsluhy?
is insurance included?	je to včetně pojištění?
indigestion	nevolnost
I have indigestion	je mi nevolno
indoors	uvnitř
infection	infekce
inflammation	zápal
information	informace
inhaler	inhalátor
injection	injekce
injured	poraněný(-á/-é)
I've been injured	byl jsem poraněn(a)
she's has been injured	byla poraněna
ink	inkoust
insect	hmyz
insect repellent	repelent
instant coffee	instantní káva
instructor *(m/f)*	instruktor(ka)
insulin	inzulín
I need insulin	potřebuji inzulín
he/she needs insulin	potřebuje inzulín
insurance	pojištění
insurance documents	doklady o pojištění
is insurance included?	je to včetně pojištění?
third party insurance	pojištění o spoluúčasti
interesting	zajímavý(-á/-é)
international	mezinárodní
an international call	mezistátní hovor
interpreter *(m/f)*	tlumočník (tlumočnice)
interval *(theatre)*	přestávka
into	do ; dovnitř
invite	pozvat
invoice	faktura

I need an invoice	potřebuji fakturu
Ireland	Irsko
I'm from Ireland	jsem z Irska
we're from Ireland	jsme z Irska
Irish (person) (m/f)	Ir(ka)
adj	irský(-á/-é)
iron vb	žehlit
can you iron this?	můžete to vyžehlit?
iron (metal)	železo
(for clothes)	žehlička
can I borrow an iron?	mohu si půjčit žehličku?
ironmonger's	železářství
is	je ; see GRAMMAR
island	ostrov
it	to ; see GRAMMAR
Italian (person) (m/f)	Ital(ka)
adj	italský(-á/-é)
Italy	Itálie
itch: it itches	to svědí
jack (for car)	zvedák
jacket	sako ; bunda
leather jacket	kožené sako
jam (food)	džem
jammed: it's jammed	je to zaseknuté
January	leden
jar	sklenice
a jar of honey	sklenice medu
a jar of olives	sklenice oliv
jaundice	žloutenka
jeans	džíny

jelly	želé
jewellery	klenoty
Jewish adj	židovský(-á/-é)
(person) (m/f)	žid(ovka)
job	práce
what's your job?	jaké je vaše povolání?
jog: to go jogging	jít běhat
joke: it's a joke	to je vtip
journalist (m/f)	novinář(ka)
journey	cesta
how long is the journey?	jak dlouho trvá ta cesta?
jug	džbán
juice	džus
orange juice	pomerančový džus
lemon juice	citronový džus
tomato juice	rajčatový džus
July	červenec
jumper	svetr
jump leads	nepřímé startování
junction	železniční uzel ; křižovatka
June	červen

keep	držet ; nechat si
keep the change	nechte si drobné
will it keep? (food)	vydrží to?
kettle	konvice
key	klíč
I've lost my keys	ztratil(a) jsem klíče
my key, please	můj klíč, prosím
keyring	kroužek na klíče
kidneys (food)	ledvinky

143

kilo	kilo
a kilo of oranges	kilo pomerančů
two kilos	dvě kila
kilometre	kilometr
10 kilometres	deset kilometrů
kind	laskavý(-á/-é)
you're very kind	jste velmi laskavý(-á)
kiosk	kiosk
kiss vb	líbat
kitchen	kuchyň
knee	koleno
my knee hurts	bolí mě koleno
knickers	kalhotky
knife	nůž
I need a knife	potřebuji nůž
knot	uzel
know	vědět ; znát
I know	vím ; znám
I don't know	nevím ; neznám
label (luggage)	jmenovka
lace (material)	krajka
laces (for shoes)	tkaničky
ladies' (toilet)	dámy ; ženy
where is the ladies'?	kde jsou dámy?
lady	dáma
lager	pivo (světlé)
a glass of lager	sklenice piva
a bottle of lager	láhev piva
2 lagers	dvě piva
lake	jezero

lamb (meat)	jehněčí
lamp	lampa
land: has the plane landed?	už to letadlo přistálo?
landlord/lady	domácí
lane (on motorway)	proud
language	jazyk
what languages do you speak?	kolika jazyky mluvíte?
large	velký(-á/-é)
last	poslední ; minulý(-á/-é)
last week	minulý týden
last year	minulý rok
the last train	poslední vlak
late	pozdě
it's late	je pozdě
the train is late	vlak má zpoždění
sorry I'm late	promiňte, že jdu pozdě
later	později
I'll call back later (phone)	zavolám později
launderette	Pradlenka
is there a launderette nearby?	je tady blízko Pradlenka?
laundry service	praní prádla
have you a laundry service?	perete prádlo?
lavatory	záchod
where is the lavatory?	kde je záchod?
lawyer (m/f)	právník (právnička)
leak	díra
there's a leak	teče tó
leather	kůže
leave (on foot)	odejít
(in vehicle)	odjet
when does the bus leave?	kdy odjíždí ten autobus?
when does the train leave?	kdy odjíždí ten vlak?
we leave tomorrow	odjíždíme zítra

left	levý(-á/-é)
on/to the left	vlevo
left-luggage office	úschovna zavazadel
leg	noha
lemon	citrón
lemon tea	čaj s citronem
lemonade	limonáda
lend	půjčit
can you lend me an alarm clock?	můžete mi půjčit budík?
length	délka
lens (for camera)	objektiv
less	méně
let (allow)	dovolit
letter (mail)	dopis
where can I post a letter?	kde mohu poslat ten dopis?
a letter to Britain	dopis do Británie
(of alphabet)	písmeno
lettuce	hlávkový salát
licence (driving)	řidičský průkaz
my licence	můj řidičský průkaz
an international licence	mezinárodní řidičský průkaz
lid	víčko
lifeguard	plavčík
life jacket	záchranná vesta
lift (elevator)	výtah
light (not heavy)	lehký(-á/-é)
light (illumination)	světlo
car lights	světla
do you have a light?	máte zapalovač?
the light doesn't work	to světlo nesvítí
light bulb	žárovka
lighter (cigarette)	zapalovač

like prep — jako
  I want one like this — chci takový jako tento
like vb — mít rád(a)
  I like coffee — mám rád(a) kávu
  I don't like coffee — nemám rád(a) kávu
lime — limetta ; malý citron
lip salve — jelení lůj
lipstick — rtěnka
listen (to) — poslouchat
litre — litr
  3 litres — tři litry
  10 litres of petrol — deset litrů benzínu
litter (rubbish) — odpadky
little (small) — malý(-á/-é)
  just a little, please — jenom trochu, prosím
live vb — žít ; bydlet
  I live in London — bydlím v Londýně
  we live in London — bydlíme v Londýně
liver — játra
living room — obývací pokoj
lizard — ještěrka
loaf — bochník
  two loaves of bread — dva bochníky chleba
lobster — humr
lock vb — zamknout
  can you lock this up? — můžete to zamknout?
  it's locked — je to zamčené
lock n — zámek
  the lock is broken — ten zámek je rozbitý
locker (for luggage) — skříňka na zavazadla
London — Londýn
  I'm from London — jsem z Londýna
  have you been to London? — byli jste už v Londýně?

long	dlouhý(-á/-é)
will it take long?	bude to trvat dlouho?
look	dívat se
look after	starat se
look for	hledat
lorry	nákladní auto
lose	ztratit
lost	ztracený(-á/-é)
I've lost my wallet	ztratil(a) jsem peněženku
I'm lost	zabloudil(a) jsem
lost property office	ztráty a nálezy
lot: *a lot*	mnoho
lotion	lotion
suntan lotion	lotion na opalování
loud	hlasitý(-á/-é)
lounge (in house)	obývací pokoj
(in airport)	hala
love vb	milovat
(to enjoy)	mít rád(a)
I love swimming	mám rád(a) plavání
I love cheese	mám rád(a) sýr
I love you	miluji tě
lovely: *it's lovely*	to je pěkné
lucky: *I'm lucky*	mám štěstí
luggage	zavazadlo
my luggage	moje zavazadlo
our luggage	naše zavazadlo
luggage rack	polička pro zavazadla
luggage tag	jmenovka
luggage trolley	vozík
lunch	oběd
what time is lunch?	v kolik hodin je oběd?

machine	stroj
magazine	časopis
maid	pokojská
maiden name	jméno za svobodna
main	hlavní
make	dělat
make-up	make-up
man	muž ; člověk
manager	manažér ; vedoucí
I want to speak to the manager	chci mluvit s vedoucím
who is the manager?	kdo je tu vedoucí?
many	mnoho
how many?	kolik?
how many days?	kolik dnů?
how many kilometres?	kolik kilometrů?
map	mapa
do you have a map?	máte mapu?
marble	mramor
March	březen
margarine	margarín
market	trh
marmalade	pomerančový džem
married *(man)*	ženatý
(woman)	vdaná
I'm married	jsem ženatý (vdaná)
I'm not married	nejsem ženatý (vdaná)
are you married?	jste ženatý (vdaná)?
mass *(church service)*	mše
match *(game)*	zápas ; hra
matches *(light)*	zápalky
material *(cloth)*	látka
what material is it?	jaká je to látka?
matter: it doesn't matter	to nevadí

May	květen
meal	jídlo
mean *(signify)*	znamenat
what does this mean?	co to znamená?
measles	spalničky
measurement	míra
meat	maso
I don't eat meat	nejím maso
is there meat in this?	je v tom maso?
mechanic	mechanik
medicine	lék
medium: *medium-sized*	středně velký
medium rare (meat)	středně propečené
meet	potkat ; setkat se s
meeting	schůzka
melon	meloun
member *(of club, etc)* *(m/f)*	člen(ka)
men	muži
for men	pro muže
menu	jídelní lístek
message	vzkaz
are there any messages for me?	mám tu nějaké vzkazy?
can I leave a message?	mohu nechat vzkaz?
meter	měřič
metre	metr
2 metres	dva metry
100 metres	sto metrů
microwave oven	mikrovlnná trouba
midday	poledne
midnight	půlnoc
migraine	migréna
I have a migraine	mám migrénu
he/she has a migraine	má migrénu

mile	8 km = approx. 5 miles
milk	mléko
a glass of milk	slenice mléka
a carton of milk	krabice mléka
a sachet of milk	sáček mléka
powdered milk	sušené mléko
skimmed milk	nízkotučné mléko
milkshake	mléčný koktejl
millimetre	milimetr
10 millimetres	deset milimetrů
million	milion
2 million	dva miliony
mince *(meat)*	mleté maso
mind: *do you mind if I smoke?*	bude vám vadit, když si zapálím?
mineral water	minerálka
a glass of mineral water	sklenice minerálky
a bottle of mineral water	láhev minerálky
minimum	minimum
mints	mátové bonbóny
minute	minuta
10 minutes	deset minut
mirror	zrcadlo
miss *(plane, train, etc)*	zmeškat
I missed the bus	zmeškal(a) jsem autobus
Miss	slečna
Miss Jones	slečna Jonesová
missing: *my ... is missing*	ztratil(a) se mi...
my wallet is missing	ztratila se mi peněženka
my camera is missing	ztratil se mi fotoaparát
mistake	chyba
I made a mistake	udělal(a) jsem chybu
misunderstanding	nedorozumění

modern	moderní
moisturizer	hydratační krém
monastery	klášter
Monday	pondělí
on Monday	v pondělí
money	peníze
money belt	bezpečnostní pás na peníze
I've lost my money belt	ztratil(a) jsem ledvinku
month	měsíc
6 months	šest měsíců
monument	památník
moon	měsíc
more	víc
I've no more money	už nemám peníze
more bread, please	ještě chleba, prosím
more water, please	ještě voda, prosím
can I have some more?	mohu dostat trochu víc?
morning	ráno
in the morning	ráno
tomorrow morning	zítra ráno
this morning	dnes ráno
mosquitos	komáři
moth (clothes)	mol
mother	matka
mother-in-law	tchýně
motor	motor
motorbike	motorka
motorboat	motorový člun
motorway	dálnice
mountain	hora
mouse	myš
moustache	knír
mouth	ústa

Mr	pan
Mr Jones	pan Jones
Mrs	paní
Mrs Jones	paní Jonesová
much	mnoho
too much	příliš mnoho
it costs too much	stojí to příliš mnoho
mudguard	blatník
mumps	příušnice
muscle	sval
I've pulled a muscle	natáhl(a) jsem si sval
museum	muzeum
mushrooms	houby
music	hudba
music shop	music shop
mussels	mušle
must: *I must go*	musím jít
we must go	musíme jít
mustard	hořčice
my	můj *(m)* / moje *(f)* / moje *(nt)*

nail *(metal)*	hřebík
(on finger)	nehet
nail polish	lak na nehty
name	jméno
my name is…	jmenuji se…
what's your name?	jak se jmenujete?
napkin	ubrousek
nappy	plína
narrow	úzký(-á/-é)
nationality	národnost

navy blue	námořnická modř
near	blízko
is it near?	je to blízko?
nearest	nejbližší
where's the nearest bank?	kde je nejbližší banka?
where's the nearest chemist?	kde je nejbližší lékárna?
necessary	nutný(-á/-é)
is it necessary to book?	je nutná rezervace?
neck	krk
necklace	náhrdelník
need	potřebovat
I need...	potřebuji...
I need a car	potřebuji auto
I need to go	potřebuji jet
needle	jehla
needle and thread	jehla a nit
negatives *(photography)*	negativy
neighbour *(m/f)*	soused(ka)
nephew	synovec
never	nikdy
I never drink wine	nikdy nepiji víno
I never eat meat	nikdy nejím maso
new	nový(-á/-é)
is it new?	je to nové?
news	zprávy
newspaper	noviny
newsstand	novinový stánek
New Year	Nový rok
New Zealand	Nový Zéland
I'm from New Zealand	jsem z Nového Zélandu
we're from New Zealand	jsme z Nového Zélandu
next	příští
when is the next bus?	kdy jede příští autobus?

when is the next train?	kdy jede příští vlak?
nice	pěkný(-á/-é)
it's very nice	to je moc pěkné
niece	neteř
night	noc
last night	včera v noci
tomorrow night	zítra v noci
at night	v noci
per night	na noc
nightclub	noční klub
is there a nightclub?	je tu noční klub?
nightdress	noční košile
no	ne
no, thanks	ne, děkuji
there's no hot water	neteče teplá voda
nobody	nikdo
noisy	hlučný(-á/-é)
it's too noisy	je to příliš hlučné
non-alcoholic	nealkoholický(-á/-é)
none	žádný(-á/-é)
there's none left	nic nezbylo
non-smoking	nekuřák
is there a non-smoking area?	je tu prostor pro nekuřáky?
non-smoking carriage	vagon pro nekuřáky
north	sever
Northern Ireland	Severní Irsko
I'm from Northern Ireland	jsem ze Severního Irska
we're from Northern Ireland	jsme ze Severního Irska
nose	nos
not	ne
I don't know	nevím
note (banknote)	bankovka
note pad	blok

nothing	nic
novel	román
November	listopad
now	nyní ; teď
number	číslo
phone number	telefonní číslo
fax number	číslo faxu
number plate *(car)*	státní poznávací značka
nurse	sestra
I'm a nurse	jsem sestra
nuts	ořechy

oars	vesla
October	říjen
of	z
off: *the heating is off*	topení je vypnuté
this is off *(milk, food)*	je to zkažené
office	kancelář
I work in an office	pracuji v kanceláři
often	často
oil	olej
oil filter	olejový filtr
ointment	mast
OK	dobře
old	starý(-á/-é)
how old are you?	kolik je vám roků?
I'm ... years old	je mi ... roků
how old is he (she)?	jak je starý (stará)?
how old is it?	jak je to staré?
olive oil	olivový olej
olives	olivy

omelette	omeleta
on	v ; na
on Saturday	v sobotu
on the shelf	na polici
once	jednou
at once	okamžitě
one (m/f/nt)	jeden/jedna/jedno
one orange	jeden pomeranč
one bathroom	jedna koupelna
one apple	jedno jablko
one-way street	jednosměrná ulice
onion	cibule
only	jenom
only one	jenom jeden
only me	jenom já
open adj	otevřený(-á/-é)
is it open?	je to otevřené?
open vb	otevřít
what time does it open?	v kolik hodin otevírají?
opera	opera
operator (telephone) (m/f)	spojovatel(ka)
opposite	naproti
opposite the hotel	naproti hotelu
opposite the bank	naproti bance
optician	optik
orange adj	oranžový(-á/-é)
orange n	pomeranč
3 oranges	tři pomeranče
orange juice	pomerančový džus
ounce	= approx. 30 g
our	náš (m) ; naše (f) ; naše (nt)
out	ven
he's gone out	je venku ; odešel

get out!	**vypadni!**
outdoor	**venku**
outskirts	**okolí**
oven	**trouba**
owe	**dlužit**
you owe me...	**dlužíte mi...**
what do I owe you?	**kolik vám dlužím?**
owner *(m/f)*	**majitel(ka)**

pack *vb*	**balit**
package *(parcel)*	**balíček**
package tour	**zájezd**
packet	**balíček ; sáček**
a packet of crisps	**sáček brambůrek**
a packet of biscuits	**balíček sušenek**
paddling pool	**brouzdaliště**
paid: *I've paid already*	**už jsem platil(a)**
pain	**bolest**
painful	**bolestivý(-á/-é)**
it's very painful	**velice to bolí**
painkiller	**lék proti bolesti**
painting *(picture)*	**obraz**
palace	**palác**
pancake	**palačinka**
pants *(underpants)*	**slipy**
paper	**papír**
wrapping paper	**balicí papír**
writing paper	**dopisní papír**
parcel	**balík**
I want to send this parcel	**chci poslat tento balík**
pardon?	**prosím?**

parents	rodiče
my parents	moji rodiče
your parents	vaši rodiče
park n	park
park vb	parkovat
can I park here?	mohu tady parkovat?
where can I park?	kde mohu parkovat?
parking disk	povolení k parkování
parsley	petrželka
part: spare part	náhradní díl
partner (business) (m/f)	partner(ka)
my partner (male)	můj přítel
my partner (female)	moje přítelkyně
party (celebration)	večírek
passenger (m/f)	cestující
passport	pas
my passport	můj pas
his/her passport	jeho/její pas
passport control	pasová kontrola
pasta	těstoviny
pastry (dough)	těsto
pâté	paštika
path	cesta ; stezka
pavement	chodník
pay vb	platit
where do I pay?	kde se platí?
peaches	broskve
4 peaches	čtyři broskve
peanuts	burské oříšky
pears	hrušky
peas	hrášky
pedestrian (m/f)	chodec
pedestrian crossing	přechod pro chodce

peg: *clothes peg*	kolíček
tent peg	stanový kolík
pen	pero
pencil	tužka
penicillin	penicilín
penknife	kapesní nůž
pensioner *(m/f)*	důchodce (důchodkyně)
I'm a pensioner	jsem důchodce
people	lidé
4 people	čtyři lidé
pepper *(spice)*	pepř
(vegetable)	paprika
per	na ; za
per hour	za hodinu
per week	za týden
per person	na osobu
per kilometre	za kilometr
perfect	perfektní
it's perfect	to je perfektní
performance	představení
perfume	parfém
period *(menstruation)*	menstruace
period pains	menstruační bolesti
permit	povolení
do I need a permit?	potřebuji povolení?
person	osoba
one person	jedna osoba
petrol	benzín
10 litres of petrol	deset litrů benzínu
unleaded petrol	bezolovnatý benzín
4-star petrol	super benzín
petrol station	čerpací stanice
pharmacy	lékárna

phone vb	telefonovat ; see **telephone**
phonecard	telefonní karta
photocopy n	kopie
I need a photocopy of this	potřebuji kopii
photograph n	fotograf
picnic	piknik
picture (on wall)	obraz
pie	koláč
piece	kousek
a piece of cake	kousek dortu
pill	pilulka
I'm on the Pill	beru antikoncepci
pillow	polštář
pillowcase	povlečení na polštář
pin	špendlík
pineapple	ananas
pink	růžový(-á/-é)
pint	= approx. 0. 5 litre
pipe (for smoking)	dýmka
(drain, etc)	trubka
place	místo
are there any places left?	je tu volné místo?
plane (aeroplane)	letadlo
plaster	náplast
I need a plaster	potřebuji náplast
plastic	z umělé hmoty
plastic bag	taška z umělé hmoty
plate	talíř
another plate, please	prosím jiný talíř
platform (railway)	nástupiště
which platform?	jaké nástupiště?
play vb	hrát
do you play tennis?	hrajete tenis?

where can I play golf?	kde se hraje golf?
please	prosím
pliers	kleště
plug (electric)	zástrčka
(for sink)	zátka
there's no plug (for sink)	není tu zátka
plums	švestky
plumber	instalatér
poisonous	jedovatý(-á/-é)
police	policie
call the police!	zavolejte policii!
police officer (m/f)	policista (policistka)
police station	policejní stanice
where is the police station?	kde je policejní stanice?
polish (for shoes)	krém na boty
polluted: *is it polluted?*	je to znečištěné?
pool	koupaliště
poor (not rich)	chudý(-á/-é)
popular	populární
pork	vepřové
port (wine)	portské
porter (for door)	vrátný
(for luggage)	nosič
possible	možný(-á/-é)
is it possible to...?	je možné...?
post *vb*	poslat
where can I post this?	odkud to mohu poslat?
postbox	poštovní schránka
postcard	pohled
4 postcards	čtyři pohledy
stamps for postcards	známky na pohledy
postcode	poštovní směrovací číslo
poster	plakát

post office — pošta
  where's the post office? — kde je pošta?
pot *(for cooking)* — hrnec
potato — brambora
  boiled potatoes — vařené brambory
  fried potatoes — smažené brambory
  mashed potato — bramborová kaše
  potato salad — bramborový salát
pottery — keramika
pound — libra
  £50 — padesát liber
  (weight) — = approx. 0. 5 kilo
Prague — Praha
prawns — krevety
pregnant — těhotná
  I'm pregnant — jsem těhotná
  she's pregnant — je těhotná
prescription — předpis
present *(gift)* — dárek
  it's a present — to je dárek
pretty — hezký(-á/-é)
price — cena
price list — seznam cen
  is there a price list? — máte seznam cen?
prints *(photo)* — fotografie
private — soukromý(-á/-é)
  a private bathroom — soukromá koupelna
probably — asi
problem — problém
  there's a problem with... — je tu problém s...
pronounce — vyslovovat
  how is this pronounced? — jak se tohle vyslovuje?
prunes — sušené švestky

public	veřejný(-á/-é)
public holiday	státní svátek
pudding	zákusek ; moučník
pull vb	táhnout
pump (for tyres)	hustilka
puncture	díra v pneumatice
purple	fialový(-á/-é)
purse	peněženka
I've lost my purse	ztratil(a) jsem peněženku
push vb	tlačit
pushchair	kočárek-hole
pyjamas	pyžamo

quality	kvalita
good quality	dobrá kvalita
poor quality	špatná kvalita
queen	královna
question n	otázka
queue	fronta
quickly	rychle
quiet	tichý(-á/-é)
I want a quiet room	chci tichý pokoj
quiet!	ticho!
quite	docela
it's quite good	je to docela dobré
it's quite expensive	je to docela drahé

rabbit	králík
rabies	vzteklina
race *(sport)*	závod
racket *(tennis, etc)*	raketa
radio	rádio
radishes	ředkvičky
railway station	nádraží
rain *n*	déšť
rain *vb*	pršet
raincoat	pláštěnka
raining: it's raining	prší
raisins	rozinky
rare *(steak)*	málo propečený
rash *(skin)*	vyrážka
it gives me a rash	mám z toho vyrážku
rate	míra ; kurs
what's the exchange rate?	jaký je kurs?
raw	syrový(-á/-é)
razor	břitva
razor blades	žiletky
read *vb*	číst
ready	hotový(-á/-é)
is it ready?	je to hotové?
real is it real gold?	je to pravé zlato?
is it real leather?	je to pravá kůže?
reason *n*	důvod
receipt	potvrzení
recently	nedávno
reception	recepce
recipe	recept
recommend	doporučit
what do you recommend?	co doporučujete?
record	gramofonová deska

record shop	obchod s deskami
red	červený(-á/-é)
reduction	snížení ; sleva
is there a reduction?	poskytujete slevu?
refill *(for camping gas, etc)*	náhradní náplň
refund	finanční náhrada
registered letter	doporučený dopis
regulations	nařízení
I didn't know the regulations	neznal jsem ta nařízení
relation *(family member)*	příbuzný(-á)
reliable *(person, service)*	spolehlivý(-á/-é)
remember	pamatovat si
rent *n*	nájem
how much is the rent?	kolik bude stát nájem?
rent *vb*	pronajmout si
repair *vb*	opravit
can you repair this?	můžete to opravit?
repeat	opakovat
please repeat that	opakujte to, prosím
report *n*	zpráva
reservation	rezervace
I have a reservation	mám rezervaci
reserve *(room, table, etc)*	rezervovat si
rest *vb*	odpočinout si
I need to rest	potřebuji si odpočinout
he/she needs to rest	potřebuje si odpočinout
restaurant	restaurace
restaurant car *(on train)*	restaurační vagón
retired	v důchodu
I'm retired	jsem v důchodu
return *vb (come back)*	vrátit se
when will he/she return?	kdy se vrátí?
return ticket	zpáteční jízdenka

reverse-charge call	hovor na účet volaného
reverse gear	zpátečka
rheumatism	revmatismus
rice	rýže
rich *(person)*	bohatý(-á/-é)
(food)	vydatné jídlo
right *(not left)*	pravý(-á/-é)
on/to the right	vpravo
(correct)	spravný(-á/-é)
ring *(for finger)*	prsten
ripe: is it ripe?	je to zralé?
river	řeka
road	silnice
is this the road to Prague?	je tohle silnice do Prahy?
is this the road to the station?	je tohle silnice na nádraží?
road map	autoatlas
roll *(bread)*	rohlík
Romany *(person) (m/f)*	Róm(ka)
adj	rómský(-á/-é)
roof	střecha
roof rack	zahrádka na auto
room *(in house, etc)*	pokoj
room service	pokojová obsluha
rope	provaz
rotten *(food)*	zkažený(-á/-é)
rough *(surface)*	hrubý(-á/-é)
roundabout	kruhový objezd
rowing boat	člun
rubber	guma
rubbish	odpadky
rucksack	ruksak
rug	kobereček
rush hour	dopravní špička

sad	smutný(-á/-é)
safe n (for valuables)	sejf
safe adj	bezpečný(-á/-é)
is it safe to swim?	je bezpečné tady plavat?
is it safe to eat?	je bezpečné tohle jíst?
safety pin	zavírací špendlík
I need a safety pin	potřebuji zavírací špendlík
sailing	plachtění
can we go sailing?	můžeme jet na plachetnici?
salad	salát
green salad	zelený salát
mixed salad	míchaný salát
tomato salad	rajčatový salát
salad dressing	zálivka na salát
salesman	obchodní zástupce
salesperson (m/f)	prodavač(ka)
salmon	losos
salt	sůl
same: the same	to samé
sand	písek
sandals	sandály
sandwich	sendvič
sanitary towel	vložka
I need some sanitary towels	potřebuji vložky
sardines	sardinky
Saturday	sobota
on Saturday	v sobotu
sauce	omáčka
what's in the sauce?	z čeho je ta omáčka?
saucepan	pánvička
sauerkraut	kyselé zelí
sausage	klobása
savoury adj	slaný(-á/-é)

is it savoury or sweet?	je to slané nebo sladké?
say	říkat
scarf *(headscarf)*	šátek
school	škola
scissors	nůžky
Scotland	Skotsko
I'm from Scotland	jsem ze Skotska
we're from Scotland	jsme ze Skotska
it's from Scotland	je to ze Skotska
Scottish *adj*	skotský(-á/-é)
screw n	šroub
the screw's come out	vypadl šroub
screwdriver	šroubovák
sea	moře
season ticket	permanentka
seat *(chair)*	židle
(on bus, train, etc)	sedadlo
second *adj*	druhý(-á/-é)
second-class	druhá třída
a second-class ticket	jízdenka druhé třídy
second-hand	použitý(-á/-é)
see	vidět
self-service	samoobsluha
is it self-service?	je to samoobsluha?
sell	prodávat
do you sell...?	prodáváte...?
do you sell stamps?	prodáváte známky?
do you sell batteries?	prodáváte baterie?
Sellotape®	izolepa
I need Sellotape®	potřebuji izolepu
send	posílat
senior citizen	penzista
separate	oddělený(-á/-é)

we'd like separate beds	chtěli bychom oddělené postele
separately	zvlášť
we want to pay separately	chceme platit zvlášť
September	září
serious: is it serious?	je to vážné?
service	obsluha
the service was very good	obsluha byla velmi dobrá
the service was very bad	obsluha byla velmi špatná
service charge	poplatek za obsluhu
is there a service charge?	platí se za obsluhu?
set menu	turistické menu
is there a set menu?	máte turistické menu?
sew	šít
shade (shadow)	stín
in the shade	ve stínu
shallow (water)	mělký(-á/-é)
is it shallow?	je tu mělko?
shampoo	šampón
share vb	sdílet
shave vb	holit
shaver	holicí strojek
shaver socket	zásuvka na holicí strojek
shaving cream	krém na holení
she	ona ; see GRAMMAR
sheep	ovce
sheet (for bed)	prostěradlo
please change the sheets	vyměňte, prosím, prostěradla
shelf	polička
ship	loď
shirt	košile
shock absorber	tlumič

shoe	bota
shoes	boty
shop	obchod
shop assistant *(m/f)*	prodavač(ka)
shopping	nakupování
short	krátký(-á/-é)
short-cut	zkratka
is there a short-cut?	je tu zkratka?
shorts *(short trousers)*	šortky
show n *(entertainment)*	představení
show vb	ukázat
please show me	prosím, ukažte mi
shower	sprcha
shut adj	zavřený(-á/-é)
it was shut	bylo zavřeno
shut vb	zavírat
when does it shut?	kdy se zavírá?
shutters	žaluzie
sick: I feel sick	je mi špatně
sightseeing	prohlídka pamětihodností
sign n *(road-, notice, etc)*	značka
sign vb *(cheque, etc)*	označit
signature	podpis
silk	hedvábí
silver	stříbro
is it silver?	je to stříbro?
sing	zpívat
single: I'm single	jsem svobodný(-á)
single bed	postel pro jednu osobu
single room	pokoj pro jednu osobu
sink	dřez
the sink's blocked	dřez je ucpaný
sister	sestra

my sister	moje sestra
sit	sedět
size (clothes)	velikost
(shoes)	číslo
skates	brusle
skating	bruslení
we'd like to go skating	rádi bychom šli bruslit
ski vb	lyžovat
ski lift	lyžařsky vlek
ski pass	permanentka
skis	lyže
skin	kůže
skirt	sukně
sky	obloha
sleep	spát
I can't sleep	nemohu spát
sleeping bag	spací pytel
sleeping pill	prášek na spaní
slice	plátek
slippers	pantofle
Slovak adj	slovenský(-á/-é)
I don't speak Slovak	neluvím slovensky
Slovakia	Slovensko
slow	pomalý(-á/-é)
small	malý(-á/-é)
it's too small	je to příliš malé
smaller	menší
a smaller size	menší velikost
smell n	vůně
smell vb	cítit
it smells bad	nevoní to dobře
smile n	úsměv
smoke n	kouř

smoke vb — kouřit
  I don't smoke — nekouřím
  can I smoke here? — mohu tady kouřit?
  please don't smoke — nekuřte, prosím
smoked (meat, fish, etc) — uzený(-á/-é)
snow — sníh
so — tak
  so much — tak moc
  not so much — ne tak moc
soap — mýdlo
soap powder — mýdlový prášek
sober — střízlivý(-á/-é)
socks — ponožky
socket (electrical) — zásuvka
soft — měkký(-á/-é)
soft drink — nealkoholický nápoj
someone — někdo
something — něco
sometimes — někdy
somewhere — někde
son — syn
  my son — můj syn
song — píseň
soon — brzy
  too soon — příliš brzy
  I'm leaving soon — brzy odjíždím
  as soon as possible — co nejdříve
sorry! — promiňte!
soup — polévka
  what soup do you have? — jakou máte polévku?
south — jih
souvenir — suvenýr
  a souvenir shop — obchod se suvenýry

spa	lázně
space	prostor
parking space	prostor k parkování
spade	rýč
spanner	klíč
spare wheel	náhradní kolo
sparkling	perlivý(-á/-é)
sparkling wine	šumivé víno ; sekt
spark plugs	zapalovací svíčky
speak	mluvit
do you speak English?	mluvíte anglicky?
do you speak German?	mluvíte německy?
I don't speak Czech	nemluvím česky
special	zvláštní
speciality	specialita
speed	rychlost
speed limit	omezení rychlosti
spell: *how do you spell it?*	jak se to hláskuje?
spicy	ostrý(-á/-é)
is it spicy?	je to ostré?
I can't eat spicy food	nejím ostrá jídla
spinach	špenát
sponge	houba na mytí
spoon	lžíce
I need a spoon	potřebuji lžíci
sport	sport
spring *(season)*	jaro
in spring	na jaře
square *(in town)*	náměstí
in the square	na náměstí
stadium	stadion
stairs	schody
stalls *(in theatre)*	přízemí v divadle

stamp	známka
do you sell stamps?	prodáváte známky?
6 stamps for postcards	šest známek na pohledy
2 stamps for letters	dvě známky na dopisy
star	hvězda
start vb	začít
the car won't start	auto nechce startovat
when does it start?	kdy to začíná?
starter (in meal)	předkrm
(car)	startér
station	nádraží
bus station	autobusové nádraží
train station	vlakové nádraží
stationer's	papírnictví
stay	být ubytovaný
I'm staying at ... Hotel	jsem ubytovaný(a) v hotelu...
steak	biftek
steep: is it steep?	je to prudké?
steering wheel	volant
sterling	sterling
stewed (meat, etc)	dušený(-á/-é)
steward (on plane)	steward
stewardess (on plane)	stewardka ; letuška
sticking plaster	náplast
still (not fizzy)	neperlivý(-á/-é)
sting	bodnutí
bee sting	včelí bodnutí
stomach	žaludek
my stomach hurts	bolí mě žaludek
stomachache	bolest žaludku
stop!	stop!
storm	bouřka
straight on	rovně

keep straight on	jděte stále rovně
straw *(for drinking)*	brčko
strawberry	jahoda
street	ulice
street map	plán města
string	provázek
strong *(tea, coffee)*	silný(-á/-é)
stuck: it's stuck	je to zaražené
student *(m/f)*	student(ka)
I'm a student	jsem student(ka)
we're students	jsme studenti
is there a student discount?	mají studenti slevu?
stung	poštípaný(-á/-é)
I've been stung	jsem poštípaný
she's been stung	je poštípaná
stupid	hloupý(-á/-é)
suddenly	náhle
suede	semiš
sugar	cukr
suit *(man's)*	oblek
(woman's)	kostým
suitcase	kufr
I've lost my suitcase	ztratil(a) jsem kufr
summer	léto
in summer	v létě
sun	slunce
sunbathe	opalovat se
sunblock	ochranný krém s vysokým faktorem
sunburnt	spálený(-á/-é) od slunce
Sunday	neděle
on Sunday	v neděli
sunglasses	sluneční brýle

sunny	slunný(-á/-é)
sunrise	východ slunce
what time is sunrise?	kdy vychází slunce?
sunset	západ slunce
what time is sunset?	kdy zapadá slunce?
sunstroke	úpal
suntan lotion	sluneční lotion
supermarket	supermarket
is there a supermarket?	je tady supermarket?
supper	večeře
supplement	doplatek
surname	příjmení
sweater	svetr
sweatshirt	mikina
sweet *adj*	sladký(-á/-é)
is it sweet?	je to sladké?
it's too sweet	to je příliš sladké
sweetener	umělé sladidlo
have you got any sweetener?	máte umělé sladidlo?
sweets	bonbóny
swim	plavat
is it safe to swim?	je bezpečné tady plavat?
swimming-pool	koupaliště ; bazén
is there a swimming-pool?	je tu koupaliště?
swimsuit	plavky
switch	vypínač
the switch's broken	vypínač je rozbitý
where's the switch?	kde je vypínač?
switch off	vypnout
switch on	zapnout
swollen *(finger, ankle, etc)*	oteklý(-á/-é)

table	stůl
tablecloth	ubrus
table tennis	stolní tenis
take	vzít
talk	mluvit
tall	vysoký(-á/-é)
tampons	tampóny
I need some tampons	potřebuji tampóny
tap n	kohoutek
tape n (cassette)	kazeta
tape recorder	kazetový magnetofon
taste: can I taste some?	mohu to ochutnat?
taste n	chuť
tax	daň
is tax included?	je to včetně daně?
taxi	taxi
taxi-rank	stanoviště taxíků
tea	čaj
a cup of tea	šálek čaje
two cups of tea	dva šálky čaje
teabag	sáček čaje
teacher (m/f)	učitel(ka)
team (football, etc)	tým
teeth	zuby
telephone n	telefon
where's the telephone?	kde je telefon?
telephone vb	telefonovat
can I telephone from here?	mohu odsud telefonovat?
telephone box	telefonní budka
telephone call	telefonní rozhovor
I need to make a call	potřebuji si zatelefonovat
an international call	mezinárodní telefonní hovor

telephone directory	telefonní seznam
television	televize
tell	říkat
temperature	teplota
I have a temperature	mám teplota
he/she has a temperature	má teplotu
what's the temperature?	jaká je teplota?
temporary	dočasný(-á/-é)
tennis	tenis
do you play tennis?	hrajete tenis?
tennis ball	tenisový(-á/-é) míček
tennis court	tenisový kurt
tennis racket	tenisová raketa
tent	stan
tent peg	stanový kolík
terrace	terasa
tetanus	tetanus
I need a tetanus injection	potřebuji protitetanovou injekci
thanks	dík ; díky
thank you	děkuji
thank you very much	moc vám děkuji
that (m/f/nt)	ten/ta/to
what's that?	co to je?
the	see GRAMMAR
theatre	divadlo
there (over there)	tam
there is...	je ... tu
there are...	jsou ... tu
is there...?	je tu ...?
thermometer	teploměr
these	tyto
they	oni ; see GRAMMAR

thief	zloděj
thin	hubený(-á/-é)
thing	věc
my things	moje věci
think	myslet
I think so	myslím, že ano
I don't think so	myslím, že ne
third	třetí
thirsty: I'm thirsty	mám žízeň
this (m/f/nt)	ten/ta/to
what's this?	co to je?
those	tamty
thread	nit
throat	krk
sore throat	bolení v krku
throat lozenges	bonbóny proti bolení v krku
Thursday	čtvrtek
on Thursday	ve čtvrtek
ticket	lístek
(for travel)	jízdenka
(for admission)	vstupenka
2 tickets	dva lístky
ticket collector	revizor
ticket office	pokladna
tie n	kravata
tight: it's too tight	je to příliš těsné
tights	punčochové kalhoty
till (until)	do
time	čas
what time is it?	kolik je hodin?
this time	v tuto dobu
next time	příště
on time	včas

timetable	jízdní řád
is there a timetable?	je tu jízdní řád?
tin *(can)*	konzerva
tin-foil	alobal
tin-opener	otvírák na konzervy
tip *(to waiter, etc)*	spropitné
tired	unavený(-á/-é)
I'm tired	jsem unavený(-a)
tissues: *have you any tissues?*	máte papírové kapesníky?
to	do ; na ; *see* **GRAMMAR**
to London	do Londýna
to Brno	do Brna
to the station	na nádraží
toast	toust ; topinka
tobacconist's	tabák
today	dnes
together	dohromady
we'll pay together	platíme dohromady
toilet	toaleta ; záchod
toilet paper	toaletní papír
there's no toilet paper	není tu toaletní papír
tomato	rajče
tomato juice	rajčatový džus
tomato salad	rajčatový salát
tomorrow	zítra
tomorrow morning	zítra ráno
tomorrow afternoon	zítra odpoledne
tomorrow evening	zítra večer
tongue	jazyk
tonic water	tonik
tonight	dnes večer
a table for tonight	stůl na dnes večer
a ticket for tonight	vstupenka na dnes večer

too	příliš
too hot	příliš horko
tooth	zub
toothache	bolest zubu
I've got toothache	bolí mě zub
toothbrush	kartáček na zuby
toothpaste	pasta na zuby
top: *the top floor*	nejvyšší poschodí
torch	baterka
torn: *it's torn*	je to roztržené
total: *what's the total?*	kolik to je celkem?
tour	zájezd
tourist *(m/f)*	turista (turistka)
tourist office	turistická kancelář ; informace
tourist ticket	turistická jízdenka
tow: *can you tow me?*	můžete mě odtáhnout?
tow rope	tažné lano
towel	ručník
bath towel	osuška
hand towel	malý ručník
tower	věž
town	město
town centre	střed města
town hall	radnice
town plan	plán města
toy	hračka
traditional	tradiční
traffic	doprava
traffic lights	semafor
train	vlak
the train to Bratislava	vlak do Bratislavy
the train to Pilsen	vlak do Plzně

trainers *(shoes)*	sportovní obuv
tram	tramvaj
translate	přeložit
can you translate this?	můžete to přeložit?
translation	překlad
English translation	překlad do angličtiny
travel *vb*	cestovat
travel agency	cestovní kancelář
traveller's cheques	cestovní šeky
tray	podnos
tree	strom
trip *(excursion)*	výlet
trousers	kalhoty
trout	pstruh
truck	nákladní auto
true: *that's true*	to je pravda
that's not true	to není pravda
trunks *(swimming)*	plavky
T-shirt	tričko
Tuesday	úterý
on Tuesday	v úterý
tuna	tuňák
tunnel	tunel
turkey	krocan
turn *vb*	zahnout
turn off *(radio, light)*	vypnout
turn on *(radio, light)*	zapnout
tweezers	pinzeta
twice	dvakrát
twin beds	oddělené postele
twins	dvojčata
tyre	pneumatika
tyre pressure	tlak v pneumatice

ugly	ošklivý(-á/-é)
umbrella	deštník
uncle	strýc
my uncle	můj strýc
uncomfortable	nepohodlný(-á/-é)
it's uncomfortable	je to nepohodlné
unconscious	v bezvědomí
he/she is unconscious	je v bezvědomí
underground (metro)	metro
underpants	slipy
understand	rozumět
I don't understand	nerozumím
do you understand?	rozumíte?
underwear	spodní prádlo
unemployed	nezaměstnaný(-á/-é)
unleaded petrol	bezolovnatý benzin
United States	Spojené státy
university	univerzita
unpack (suitcases)	vybalit
unscrew	odšroubovat
upstairs	nahoře ; nahoru
your room is upstairs	váš pokoj je nahoře
urgent: it's urgent	je to naléhavé
use vb	používat
useful	užitečný(-á/-é)
usually	obvykle
vacancies	volné pokoje
vaccination	očkování
vacuum cleaner	vysavač
valid (ticket, etc)	platný(-á/-é)

is this valid?	je to platné?
valley	údolí
valuable: *it's valuable*	je to cenné
valuables	cennosti
van	dodávka
VAT	DPH
is VAT included?	je to včetně DPH?
veal	telecí
vegetables	zelenina
vegetarian *(m/f)*	vegetarián(ka)
I'm vegetarian	jsem vegetarián(ka)
have you any vegetarian dishes?	máte nějaká vegetariánská jídla?
vehicle	vozidlo
very	velmi
very good	velmi dobrý
very soon	velmi brzy
video	video
video camera	videokamera
video cassette	videokazeta
video recorder	videorekordér
view	vyhlídka
a room with a view	pokoj s vyhlídkou
village	vesnice
vinegar	ocet
vineyard	vinice
visa	vízum
visit *vb*	návštívit
vitamin pills	vitamíny v tabletách
voltage	napětí
what's the voltage?	jaké je tu napětí?

waist	pas
wait for	čekat na
please wait	čekejte, prosím
waiter	číšník
waiting room	čekárna
waitress	servírka
wake up	vzbudit
Wales	Wales
walk *n*	procházka
walk *vb*	chodit pěšky
I like walking	rád chodím pěšky
where can we go walking?	kam se můžeme jít projít?
walking boots	pohorky
walking stick	hůl
wall	zeď
wallet	peněženka
I've lost my wallet	ztratil(a) jsem peněženku
walnut	vlašský ořech
want	chtít ; *see* GRAMMAR
I want...	chci...
war	válka
wardrobe	skříň
warm	teplý(-á/-é)
warning triangle	výstražný trojúhelník
wash *(oneself)*	umýt se
where can I wash?	kde se mohu umýt?
washbasin	umyvadlo
washing machine	pračka
washing powder	prášek na praní
washing-up liquid	Jar®
wasp	vosa
wasp sting	vosí bodnutí
waste bin	odpadkový koš

watch (wrist) — hodinky
watchstrap — řemínek k hodinkám
water — voda
  drinking water — pitná voda
  mineral water — minerálka
waterfall — vodopád
watermelon — meloun
waterproof: is it waterproof? — je to nepromokavé?
way: is this the right way to…? — jde se tudy do…?
we — my ; **see GRAMMAR**
weak (tea, coffee) — slabý(-á/-é)
weather forecast — předpověď počasí
wedding ring — snubní prsten
Wednesday — středa
  on Wednesday — ve středu
week — týden
  2 weeks — dva týdny
  next week — příští týden
  last week — minulý týden
weekday — pracovní den
  on weekdays — v pracovní dny
weekend — víkend
  at the weekend — o víkendu
  for the weekend — na víkend
weight — váha
welcome! — vítáme vás!
well — dobře
  not well — není dobře
well-done (meat) — dobře propečené
Welsh adj — velšský(-á/-é)
  I'm Welsh — jsem z Walesu
west — západ
wet — mokrý(-á/-é)

wetsuit	neoprenový oblek
what	co
what is it?	co to je?
wheel	kolo
wheelchair	vozíček
when?	kdy?
where?	kde?
which	který(-á/-é)
which is it?	který to je?
while: *in a while*	za chvíli
white	bílý(-á/-é)
who?	kdo?
who is it?	kdo je to?
whole	celý(-á/-é)
wholemeal bread	celozrnný chleba
why?	proč?
wide	široký(-á/-é)
wife	manželka
my wife	moje manželka
your wife	vaše manželka
window	okno
(of shop)	výloha
windscreen	přední sklo
windsurfing	windsurfing
can we go windsurfing?	můžeme jít surfovat?
windy: *it's windy*	je vítr
wine	víno
red wine	červené víno
white wine	bílé víno
wine bar	vinárna
wine list	vínný lístek
winter	zima
in winter	z zimě

with	s
with ice	s ledem
without	bez
without ice	bez ledu
woman	žena
women	ženy
wood (substance)	dřevo
(forest)	les
wool	vlna
word	slovo
work n	práce
work vb (function)	fungovat
it doesn't work	nefunguje to
worse	horší
worth: *it's worth...*	má to cenu...
wrap up: *please wrap it up*	zabalte to, prosím
wrapping paper	balicí papír
write	psát
please write it down	zapište si to, prosím
writing paper	dopisní papír
wrong	špatný(-á/-é)
what's wrong?	co s tím je?
this is wrong	to je špatně
x-ray	rentgen
yacht	jachta
year	rok
5 years	pět let

this year	tento rok
next year	příští rok
last year	minulý rok
yellow	žlutý(-á/-é)
yes	ano
yesterday	včera
yet	ještě
not yet	ještě ne
yoghurt	jogurt
you	ty ; vy ; *see* GRAMMAR
young	mladý(-á/-é)
too young	příliš mladý
your *(sing.informal)*	tvůj *(m)* ; tvoje *(f)* ; tvoje *(nt)*
(plural ; polite)	váš *(m)* ; vaše *(f)* ; vaše *(nt)*
youth hostel	hostl
zero	nula
zip	zip
zoo	zoo

a	and
adaptér *m*	adaptor
adresa *f*	address
adresa domů *f*	home address
advokát(ka) *m/f*	lawyer
agentura *f*	agency
ahoj	hello ; hi! ; bye!
alkohol *m*	alcohol
ambulance *f*	surgery
Amerika *f*	America
americký(-á/-é) *adj*	American
anglický(-á/-é) *adj*	English
anglická játra *f*	grilled liver
anglická slanina *f*	bacon
angličtina *f*	English *(language)*
Anglie *f*	England
angrešt *m*	gooseberry
ano	yes
antikoncepce *f*	contraception
antikvariát *m*	second-hand bookshop
architektura *f*	architecture
ateliér *m*	studio
aukce *f*	auction
auto *nt*	car
autobus *m*	bus ; coach
autobusová stanice *f*	bus stop
autobusové nádraží *nt*	bus station
autokar *m*	coach
autokempink *m*	camping ; caravan site
automat *m*	vending machine
autoopravna *f*	garage ; car repair service
autostop *m*	hitchhiking

bábovka *f*	traditional sponge cake
bačkory *pl*	house slippers
balet *m*	ballet
balicí papír *m*	wrapping paper
balíček *m*	packet
balík *m*	parcel
balit	to wrap up
balkón *m*	balcony
banán se šlehačkou *m*	banana with whipped cream
banka *f*	bank
bankomat *m*	cash dispenser
bankovka *f*	banknote
bar *m*	nightclub ; bar
barevný(-á/-é)	coloured ; in colour
barokní	Baroque
barva *f*	colour ; dye
bas *m*	bass
baterie *f*	battery
baterka *f*	torch
batoh *m*	rucksack
bavit se	to enjoy ; to have a good time
bavlna *f*	cotton
bazar *m*	second-hand goods shop
bazén *m*	swimming pool
Becherovka *f*	herb liqueur from Karlovy Vary
bedna *f*	box ; chest
běhat	to run
beletrie *f*	fiction
benzín *m*	petrol
benzínová pumpa *f*	petrol station
bez	without
bezmasá jídla *pl*	vegetarian dishes
bezpečný(-á/-é)	safe

bezplatný(-á/-é)	free of charge
běžecké lyže	cross country skis
béžový(-á/-é)	beige
biftek s vejcem m	beefsteak with fried egg
bílek m	egg white
bílý(-á/-é)	white
bílé víno nt	white wine
bitva f	battle
bižutérie f	jewellery
blahopřání nt	best wishes ; congratulations
blatenské zlato nt	slightly sharp cheese
blatník m	wing ; mudguard
blbý(-á/-é)	idiotic ; silly ; stupid
blesk m	flash ; lightning
blízko	near ; close by
blok m	writing pad ; block of flats
blůza f	blouse
bod varu m	boiling point
bohatý(-á/-é)	rich ; abundant ; eventful
bohoslužba f	church service
bochník m	loaf
bok m	waist ; side
bolavý(-á/-é)	sore ; aching
bolest f	pain ; ache
bolest hlavy f	headache
bolest zubů f	toothache
bolest v krku f	sore throat
bolestivý(-á/-é)	painful
bolet	to hurt ; to ache
bonbón m	sweet
borůvka f	bilberry
bota f	shoe
bouda f	chalet ; cabin ; hut ; kennel

CZECH-ENGLISH

ia	rm
	junk
am	pancake
cheese	ato puree
	potato dumplings
	potato crocquettes
	potato salad
	gate
	goalkeeper
	to take
	brother
m	cousin (male)
v f	peach
uk m	beetle
oroušené sklo nt	cut glass
brožovaný(-á/-é)	in paperback
brožura f	brochure ; booklet
brusinka f	cranberry
brusle pl	skates
bruslit	to skate
brýle pl	glasses ; spectacles
brzda f	brake
brzdit	to brake
brzy	soon ; early
břeh m	bank (of river, etc) ; shore
březen m	March
břicho nt	stomach
bůček m	pork belly
budík m	alarm clock
budit	to wake up
budova f	building

centrála f	switchboard
cesta f	way ; road ; trip
cestopis m	travel book
cestování nt	travelling
cestovat	to travel
cestovatel m	traveller
cestovní	travelling
cestovní kancelář m	travel agency
cestovní pas m	passport
cestovní výlohy pl	travel expenses
cibule f	onion
cigareta f	cigarette
cikánská pečeně f	Gypsy-style ham (spicy crust)
církev f	church
cirkus m	circus
citron m	lemon
cizí	strange ; foreign
cizina f	foreign country
cestovat do ciziny	to travel abroad
cizinec m	foreigner (male)
cizinka f	foreigner (female)
cizojazyčný(-á/-é)	in a foreign language
clo nt	customs ; duty
podléhající clu	subject to duty
beze cla	duty-free
co	what ; which
cukr m	sugar
krystalový cukr	granulated sugar
práškový cukr	castor sugar
cukrárna f	confectionery
cukrová vata f	candyfloss
cukroví pl	sweets
cvičení nt	exercise ; practice ; training

cyklista *m*	cyclist
čaj *m*	tea
čas *m*	time
časopis *m*	magazine ; periodical ; journal
část *f*	part ; portion
částečně	partly
částečný(-á/-é)	partial
částka *f*	sum
často	often ; frequently
Čech *m*	Czech *(male)*
Čechy	Bohemia
čekárna *f*	waiting room
čepice *f*	cap
černobílý(-á/-é)	black-and-white
černý(-á/-é)	black
černé pivo *nt*	dark beer
čerpací stanice *f*	petrol station
čerstvý(-á/-é)	fresh
čerstvě natřeno	wet paint
červen *m*	June
červenec *m*	July
červený(-á/-é)	red
červené víno *nt*	red wine
Češka *f*	Czech *(female)*
Česká filharmonie *f*	Czech Philharmonic Orchestra
Česká republika *f*	Czech Republic
český(-á/-é) *adj*	Czech ; Bohemian
mluvíte česky?	do you speak Czech?
česnek *m*	garlic
čeština *f*	Czech *(language)*
činohra *f*	play ; drama company
číslice *f*	figure ; digit
číslo *nt*	number

bouře f	storm
box m	boxing
brak m	rubbish ; junk
brambor m	potato
bramborák m	potato pancake
bramborová kaše f	potato puree
bramborové knedlíky pl	potato dumplings
bramborové krokety pl	potato crocquettes
bramborový salát m	potato salad
brána f	gate
brankář m	goalkeeper
brát	to take
bratr m	brother
bratranec m	cousin (male)
broskev f	peach
brouk m	beetle
broušené sklo nt	cut glass
brožovaný(-á/-é)	in paperback
brožura f	brochure ; booklet
brusinka f	cranberry
brusle pl	skates
bruslit	to skate
brýle pl	glasses ; spectacles
brzda f	brake
brzdit	to brake
brzy	soon ; early
břeh m	bank (of river, etc) ; shore
březen m	March
břicho nt	stomach
bůček m	pork belly
budík m	alarm clock
budit	to wake up
budova f	building

195

bufet *m*	snack bar ; cafeteria
bůh *m*	God
buchta *f*	bun ; cake
buchty s povidly *pl*	buns filled with plum jam
buchty s tvarohem *pl*	buns filled with cottage cheese
bujón *m*	consommé
bunda *f*	jacket ; anorak
burčák *m*	young wine
burský oříšek *m*	peanut
burza *f*	stock-exchange
busola *f*	compass
bydlet	to live ; to stay
bydliště *nt*	place of residence
bylina *f*	herb
byt *m*	flat
být	to be
bytná	landlady

celní	customs
celní poplatek *m*	customs duty
celnice *f*	customs
celodenní	all-day ; whole day
celostátní	national ; nationwide
celý(-á/-é)	whole ; entire ; all
celý den	all day
cena *f*	price ; cost
v ceně	included in price
ceník *m*	price list
cenová skupina *f*	price category
cennosti *pl*	valuables
cenný(-á/-é)	valuable

centrála *f*	switchboard
cesta *f*	way ; road ; trip
cestopis *m*	travel book
cestování *nt*	travelling
cestovat	to travel
cestovatel *m*	traveller
cestovní	travelling
cestovní kancelář *m*	travel agency
cestovní pas *m*	passport
cestovní výlohy *pl*	travel expenses
cibule *f*	onion
cigareta *f*	cigarette
cikánská pečeně *f*	Gypsy-style ham *(spicy crust)*
církev *f*	church
cirkus *m*	circus
citron *m*	lemon
cizí	strange ; foreign
cizina *f*	foreign country
cestovat do ciziny	to travel abroad
cizinec *m*	foreigner *(male)*
cizinka *f*	foreigner *(female)*
cizojazyčný(-á/-é)	in a foreign language
clo *nt*	customs ; duty
podléhající clu	subject to duty
beze cla	duty-free
co	what ; which
cukr *m*	sugar
krystalový cukr	granulated sugar
práškový cukr	castor sugar
cukrárna *f*	confectionery
cukrová vata *f*	candyfloss
cukroví *pl*	sweets
cvičení *nt*	exercise ; practice ; training

cyklista m	cyclist
čaj m	tea
čas m	time
časopis m	magazine ; periodical ; journal
část f	part ; portion
částečně	partly
částečný(-á/-é)	partial
částka f	sum
často	often ; frequently
Čech m	Czech (male)
Čechy	Bohemia
čekárna f	waiting room
čepice f	cap
černobílý(-á/-é)	black-and-white
černý(-á/-é)	black
černé pivo nt	dark beer
čerpací stanice f	petrol station
čerstvý(-á/-é)	fresh
čerstvě natřeno	wet paint
červen m	June
červenec m	July
červený(-á/-é)	red
červené víno nt	red wine
Češka f	Czech (female)
Česká filharmonie f	Czech Philharmonic Orchestra
Česká republika f	Czech Republic
český(-á/-é) adj	Czech ; Bohemian
mluvíte česky?	do you speak Czech?
česnek m	garlic
čeština f	Czech (language)
činohra f	play ; drama company
číslice f	figure ; digit
číslo nt	number

jednotné číslo	singular
množné číslo	plural
číst	to read
čistit	to clean
čisticí prostředek *m*	detergent
čistírna *f*	dry-cleaner's
čistý(-á/-é)	clean
číšnice *f*	waitress
číšník *m*	waiter
článek *m*	article
člověk *m*	man ; person
člun *m*	boat *(small)*
motorový člun	motorboat
čočka *f*	lens ; lentils
čočková polévka *f*	lentil soup
čokoláda *f*	chocolate
čokoládová zmrzlina *f*	chocolate ice-cream
ČR	Czech Republic
čtrnáct dní	fortnight
čtvrt *f*	quarter
čtvrť *f*	district
čtvrtek *m*	Thursday
čtyřhra *f*	double

ďábelské tousty *pl*	spicy toasts
dabovat	to dub
dále!	come in!
daleko	a long way ; far
dálnice *f*	motorway
dálniční nálepka *f*	motorway sticker
další	next ; following

dáma *f*	lady
dámský(-á/-é)	lady's
dámské prádlo *nt*	ladies' underwear ; lingerie
dámy	ladies' *(toilet)*
dárek *m*	present ; gift
dáseň *f*	gum
datle *pl*	dates *(fruit)*
datum *nt*	date *(day)*
datum narození *nt*	date of birth
datum vydání *nt*	date of issue
dávat	to give
dávat si pozor	to be careful
dávka *f*	dose ; ratio
dávno	long ago
dcera *f*	daughter
debrecínská pečeně *f*	Hungarian-style ham *(spicy crust)*
dědeček *m*	grandfather
dechová hudba *f*	brass-band music
deka *f*	blanket
děkovat	to thank
děkuji vám	thank you
dělat	to make ; to do
délka *f*	length
den *m*	day
všední den	working day
denně *adj*	daily
deset	ten
desetikoruna *f*	ten-crown coin
deska *f*	board ; plank ; record
déšť *m*	rain
deštník *m*	umbrella
dětský(-á/-é)	child's ; children's ; baby's
dětský pokoj *m*	children's room

dětský lékař m	paediatrician
devět	nine
devizy pl	foreign currency
devizové předpisy pl	foreign exchange regulations
dezert m	dessert
DHP	VAT
diapozitiv m	slide ; transparency
diář m	diary
dieta f	diet
mít dietu	to be on a diet
díl m	portion ; share
náhradní díl m	spare part
dílna f	workshop
dílo nt	work
umělecké dílo	work of art
diskotéka f	disco
dítě nt	child ; baby
divadlo nt	theatre
divadelní hra f	play
loutkové divadlo nt	puppet theatre
dívat se	to look at ; to watch
dívka f	girl
dle výběru	of your choice
dlouhý(-á/-é)	long ; tall
na dlouhou dobu	for a long time
dnes	today
dnes ráno	this morning
dnes odpoledne	this afternoon
dnes večer	tonight
do	to ; into ; in ; until ; by
do Prahy	to Prague
do konce týdne	by the end of the week
dobírka f	cash on delivery (COD)

poslat na dobírku	to send something COD
dobrou chut'!	enjoy your meal!
dobrý(-á/-é)	good
dobrý den	hello
dobře	well
dočasný(-á/-é)	temporary
dočasná stanice f	temporary stop
dočasně zrušen	temporarily not in service
dodací lhůta f	time of delivery
dohromady	altogether
doklad m	document ; receipt
doktor(ka) m/f	doctor
doleva	to the left
dole	down
doma	at home
domácí m/f	landlord ; landlady
domácí štrůdl m	home-made apple pastry
domácí víno nt	home-made wine
domácnost f	household
potřeby pro domácnost pl	kitchenware
donést	to bring
dopis m	letter
dopisní papír m	writing paper
doporučený dopis m	registered letter
doplňky pl	accessories
dopoledne	morning ; in the morning
doprava	to the right
doprava f	transport
dort m	cake
dospělý(-á/-é)	adult ; grown-up
dost	enough
dostavit se	to appear ; to show up
doutník m	cigar

Czech	English
dovnitř	inside
dovolená f	holiday ; day off
dráha f	course ; track ; railway
lyžařská dráha f	ski track ; ski run
drahokam m	gem ; precious stone
drahý(-á/-é)	expensive ; dear
dražba f	auction
drobné pl	small change
nechte si drobné	keep the change
drogerie f	shop selling toiletries
droždí nt	yeast
drůbež f	poultry
druh m	sort ; type ; kind
dřevo nt	wood
dřevěná hračka f	wooden toy
dub m	oak
dubový nábytek m	oak furniture
duben m	April
důležitý(-á/-é)	important
dům m	house
dušený(-á/-é)	steamed ; stewed
dva	two
dvakrát	twice
dveře pl	door
dvoulůžkový pokoj m	double room
dýmka f	pipe
dýně f	pumpkin
džem m	jam
pomerančový džem	marmalade
džínsy pl	jeans

Eidam *m*	**Edam cheese**
elektřina *f*	**electricity**
elektrický proud *m*	**electric current**
elektrický spotřebič *m*	**electrical appliance**
Eurošek *m*	**Eurocheque**
evropský(-á/-é)	**European**
expresní vlak	**express train**
fax *m*	**fax**
fazole *f*	**bean**
festival *m*	**festival**
filmový festival	**film festival**
fialový(-á/-é)	**violet ; purple**
filé *nt*	**fish fillet**
film *m*	**film**
celovečerní film *m*	**feature film**
kreslený film *m*	**cartoon**
vyvolání filmu *nt*	**film development**
fix *m*	**felt-tipped pen**
fontána *f*	**fountain**
formulář *m*	**form**
vyplnit formulář	**to fill in a form**
fotbal *m*	**football**
fotbalový zápas *m*	**football match**
fotoaparát *m*	**camera**
fotografie *f*	**photo**
barevná fotografie *f*	**colour photo**
černobílá fotografie *f*	**black-and-white photo**
fotografovat	**to take photos**
froté ručník *m*	**terry-towel**
fungovat	**to function ; to work**

galantérie f	haberdashery ; fancy goods
galerie f	art gallery
generální zkouška f	dress rehearsal
Gothaj m	soft salami
gotický(-á/-é)	Gothic
gramofon m	record player
granát m	garnet
český granát m	Bohemian garnet
grog m	grog
guma f	rubber
prádlová guma f	elastic
guláš m	goulash

hal. f	*abbrev. of* halíř
hala f	hall ; corridor ; lounge
hotelová hala f	hotel lounge
halíř m	heller *(100 hal. = 1 koruna)*
haló?	hello? *(on telephone)*
hasicí přístroj m	fire-extinguisher
havárie f	breakdown ; crash ; accident
havarijní pojištění nt	general accident insurance
hedvábí nt	silk
helma f	helmet
Hermelín m	type of Camembert cheese
Herkules m	hard spicy salami
hezký(-á/-é)	pretty ; nice ; good-looking
hlad m	hunger
hlava f	head
hlavní	main ; chief ; principal
hlavní chod m	main course
hlavní město nt	capital city

hledat	to look for
hluk *m*	noise
hlučný(-á/-é)	noisy ; loud
hnědý(-á/-é)	brown
hnědé uhlí *nt*	brown coal ; lignite
hodina *f*	hour
kolik je hodin?	what's the time?
hodinky *pl*	watch
hodiny *pl*	clock
sluneční hodiny *pl*	sundial
hodně	very ; a lot ; much
hodnotný(-á/-é)	valuable
hodný(-á/-é)	good ; worthy of
hokej *m*	ice hockey
pozemní hokej *m*	field hockey
holení *nt*	shaving
krém po holení *m*	shaving cream
holičství *nt*	barber's
hora *f*	mountain
horečka *f*	fever
horký(-á/-é)	hot
horká čokoláda *f*	hot chocolate
horolezectví *nt*	mountaineering
horský	mountain
horská služba	mountain rescue service
hořčice *f*	mustard
hořet	to burn ; to blaze
hoří!	fire!
hořký(-á/-é)	bitter
hořká čokoláda *f*	dark chocolate
hospoda *f*	pub
host *m*	guest
hostina *f*	feast

hotel *m*	**hotel**
hotovost *f*	**cash**
platit v hotovosti	**to pay cash**
hotový(-á/-é)	**ready**
hotová jídla *pl*	**ready-made dishes**
houba *f*	**mushroom**
houbová omáčka *f*	**mushroom sauce**
houbová polévka *f*	**mushroom soup**
houska *f*	**roll**
houskový knedlík *m*	**bread dumpling**
housle *pl*	**violin**
hrát na housle	**to play the violin**
hovězí	**beef**
hovězí pečeně *f*	**roast beef**
hovězí plátek *m*	**sliced beef**
hovězí polévka *f*	**beef soup**
hovězí vývar *m*	**beef consommé**
hovořit	**to speak ; to talk ; to discuss**
hra *f*	**play ; game**
hrací automat *m*	**juke-box**
hračka *f*	**toy**
hračkářství *nt*	**toyshop**
hrad *m*	**castle**
hrách *m*	**peas**
hranice *f*	**frontier ; border**
hraniční přechod *m*	**border crossing**
hranolky *pl*	**chips**
hrášek *m*	**green peas**
hrát	**to play ; to perform**
hrnec *m*	**pot**
hrnek *m*	**cup ; mug**
hrob *m*	**grave**
hrobka *f*	**crypt ; vault ; tomb**

hroznové víno *nt*	grapes
hrozny *pl*	grapes
hrozný(-á/-é)	awful ; terrible
hrtan *m*	throat
hruška *f*	pear
hřbitov *m*	cemetery
hřeben *m*	comb ; ridge *(of mountain)*
hřebíček *m*	clove
hřebík *m*	nail *(iron)*
hřib *m*	edible wild mushroom
hřiště *nt*	playground
tenisové hřiště *nt*	tennis court
hudba *f*	music
humr *m*	lobster
husa *f*	goose
hustilka *f*	pump *(for bike, etc)*
hvězda *f*	star
hvězdárna *f*	observatory
chalupa *f*	cottage ; hut
chata *f*	hut ; cottage
chilly guláš *m*	very spicy goulash
chirurg *m*	surgeon
chladný	cool ; cold
chlapec *m*	boy ; boyfriend
chleba *m*	bread
opékaný chleba *m*	toast ; fried bread
chod *m*	course *(of food)*
chodba *f*	corridor ; passage ; hall
chodit	to go ; to walk
chodník *m*	pavement

chrám m	cathedral ; church
chrup m	teeth
umělý chrup m	dentures
chřest m	asparagus
chřipka f	influenza ; flu
chtít	to want
chuť f	taste ; flavour ; appetite
dobrou chuť!	enjoy your meal!
chyba f	mistake ; error ; fault
chybět	to miss ; to be absent

igelit m	plastic
ihned	at once ; immediately
infarkt m	heart attack
infekce f	infection
infekční nemoc f	infectious disease
informace f	information
informovat se	to ask for information
injekce f	injection
instalatér m	plumber
inzerát m	advertisement
Ir(ka) m/f	Irish (man/woman)
Irsko nt	Ireland
irský(-á/-é) adj	Irish

já	I
jablko nt	apple
jablkový závin m	apple pastry/strudel
jahoda f	strawberry

jak	how
jako	as ; like
jaký	what ; which
jaro *nt*	spring *(season)*
játra *pl*	liver
játrová paštika *f*	liver pâté
játrové knedlíčky *pl*	liver dumplings
jazyk *m*	language ; tongue
jeden	one
jedlý(-á/-é)	edible
jednobarevný(-á/-é)	plain
jednosměrná ulice *f*	one-way street
jedovatý(-á/-é)	poisonous
jehla *f*	needle
jehněčí	lamb *(meat)*
jemný(-á/-é)	fine ; soft ; delicate
jen pro...	only for...
jet	to go ; to travel
...jede jen do stanice...	...terminates at...
jezero *nt*	lake
jídelna *f*	cafeteria ; dining room
jídelní lístek *m*	menu
jídelní příbor *m*	spoon ; fork ; knife
jídelní vůz *m*	dining car
jídla na objednávku *pl*	dishes to order
jídlo *nt*	food ; meal ; dish
jih	south
jiný(-á/-é)	other ; another ; different
jíst	to eat
jít	to go ; to walk
jízdenka *f*	ticket *(for bus, train, etc)*
jízdní řád *m*	timetable
jmeniny *pl*	nameday ; saint's day

jméno *nt*	**name**
křestní jméno *nt*	**first name**
rodné jméno *nt*	**maiden name ; née**
jogurt *m*	**yoghurt**
k	**to ; towards ; for**
kabát *m*	**coat**
kabelka *f*	**handbag**
kadeřnictví *nt*	**hairdresser's**
kachna pečená s... *f*	**roast duck with...**
kakao *nt*	**cocoa**
kalendář *m*	**calendar**
kalhotky *pl*	**underpants**
dámské kalhotky *pl*	**knickers**
kalhoty *pl*	**trousers**
kam	**where**
kamarád(ka) *m/f*	**friend**
kámen *m*	**stone ; rock**
kamera *f*	**video-camera**
kamion *m*	**truck**
kancelář *f*	**office**
cestovní kancelář *f*	**travel agency**
kánoe *f*	**canoe**
kapalina *f*	**liquid ; fluid**
kapesní	**pocket**
kapesní nůž *m*	**pen-knife**
kapesní zloděj *m*	**pick-pocket**
kapesník *m*	**handkerchief**
kapr na kmíně *m*	**carp with caraway seeds**
kapr smažený *m*	**fried carp**
kapsa *f*	**pocket**

kapsář *m*	pick-pocket
kapusta *f*	cabbage
růžičková kapusta *f*	brussels sprouts
karamela *f*	toffee
karanténa *f*	quarantine
karát *m*	carat
karbanátek *m*	hamburger
kari *nt*	curry
karosérie *f*	body *(car)*
karta *f*	card
kartáč *m*	brush
kartáč na vlasy *m*	hairbrush
kartáček na zuby *m*	toothbrush
kaše *f*	purée
bramborová kaše *f*	potato purée
kašel *m*	cough
kašna *f*	fountain
kaštan *m*	chestnut
katedrála *f*	cathedral
káva *f*	coffee
kavárna *f*	café
kazeta *f*	cassette ; cartridge
každodenní	daily ; every day
každý(-á/-é)	every ; each
Kč	*abbrev.* of koruna
kde	where
kdo	who ; which
kdy	when
kečup *m*	ketchup
kedluben *m*	kohlrabi *(cabbage)*
kino *nt*	cinema
kladivo *nt*	hammer
klavír *m*	piano

klenoty *pl*	**jewellery**
klenotnictví *nt*	**jeweller's**
kleště *pl*	**pincers ; tongs ; pliers**
klíč *m*	**key**
klimatizace *f*	**air-conditioning**
klobása *f*	**sausage**
klobouk *m*	**hat**
kloub *m*	**joint ; knuckle**
kluzký(-á/-é)	**slippery**
kluziště *nt*	**skating rink**
kmín *m*	**caraway seeds**
knedlík *m*	**bread dumpling**
knedlík s vejci a okurkou *m*	**fried bread dumpling with eggs and gherkins**
kniha *f*	**book**
knihkupectví *nt*	**bookshop**
knihovna *f*	**library ; bookcase**
koberec *m*	**carpet**
kobliha *f*	**doughnut**
kočka *f*	**cat**
koktejl *m*	**cocktail**
kola *f*	**Coke®**
koláč *m*	**cake ; tart**
kolej *f*	**rail ; hostel**
kolek *m*	**stamp** *(for tax)*
kolik?	**how much? ; how many?**
kolo *nt*	**wheel ; bicycle**
kompaktní disc *m*	**compact disc**
kompot *m*	**stewed fruit**
koňak *m*	**brandy ; cognac**
koncert *m*	**concert**
kondenzované mléko *nt*	**evaporated milk**
kondom *m*	**condom**

konečná stanice f	terminus
konfekce f	ready-made clothes
kontaktní čočky pl	contact lenses
konto nt	account
konvice f	pot ; kettle
konzerva f	tin ; can
kopaná f	football
kopec m	hill
kopie f	copy
koprová omáčka f	dill sauce
koruna f	crown (Czech/Slovak currency)
kořeněný(-á/-é)	spicy ; seasoned
koření nt	spices
kostel m	church
košile f	shirt
noční košile f	nightdress
kotleta f	chop ; cutlet
koupací čepice f	swimming cap
koupaliště nt	swimming pool
koupelna f	bathroom
koupit	to buy
kouření nt	smoking
kouření zakázáno	no smoking
kousek m	piece ; bit
kožešnictví nt	furrier's
krabice f	box ; case
krádež f	theft
krajina f	scenery ; countryside
král m	king
královna f	queen
krásný(-á/-é)	beautiful ; wonderful
krátký(-á/-é)	short ; brief
kreditní karta f	credit card

CZECH-ENGLISH ——————————————————— K

krejčovství *nt*	**tailor's**
krém *m*	**cream ; custard**
krev *f*	**blood**
krevní skupina *f*	**blood group**
krevní zkouška *f*	**blood test**
krokety *pl*	**croquettes**
krůta *f*	**turkey**
krůtí prsa s broskví *pl*	**turkey breast with peach**
krvácet	**to bleed**
křen *m*	**horse-radish**
křestní list *m*	**birth certificate**
křižovatka *f*	**crossing**
železniční křižovatka *f*	**junction**
který(-á/-é)	**what ; which**
kufr *m*	**suitcase**
kuchařka *f*	**cook** *(female)* **; cookery book**
kuchyně *f*	**kitchen ; cuisine**
kulečník *m*	**billiards**
kůň *m*	**horse**
kupé *nt*	**compartment** *(on train)*
kupón *m*	**voucher ; coupon**
kurs *m*	**exchange rate**
kursovní lístek *m*	**list of exchange rates**
kuře *nt*	**chicken**
kuřecí prsa s ananasem *pl*	**chicken breast with pineapple**
kůže *f*	**leather ; skin**
kvasnice *pl*	**yeast**
květák *m*	**cauliflower**
květen *m*	**May**
květina *f*	**flower**
květinářství *nt*	**florist's**
kyselé zelí *nt*	**sauerkraut**
kyvadlová doprava *f*	**shuttle bus**

labužník m	gourmet
láhev f	bottle
lahůdky	delicatessen
lahvové pivo nt	bottled beer
lak m	paint ; varnish
lanovka f	cable railway ; funicular
lavina f	avalanche
lázně pl	public baths ; spa
léčebna f	sanatorium
léčit	to treat ; to cure
led m	ice
leden m	January
lednička f	fridge
ledvinka f	bumbag
ledvinky pl	kidneys
legitimovat se	to prove one's identity
lehátko nt	couchette ; deck chair
lék m	medicine ; drug
lék proti bolesti m	painkiller
lékárna f	pharmacy
lékárnička f	first-aid kit
lékař(ka) m/f	doctor
všeobecný lékař m	general practitioner
zubní lékař	dentist
lékařská prohlídka f	check up
lékařský předpis m	prescription
lepidlo nt	glue
lepší	better
les m	wood ; forest
let m	flight
letadlo nt	plane
letecky	by air mail
letenka f	air ticket

Czech	English
letiště *nt*	airport
letní kino *nt*	open-air cinema
léto *nt*	summer
letuška *f*	airhostess
levný(-á/-é)	cheap
levý(-á/-é)	left
libra *f*	pound
lidé *pl*	people
lidová píseň *f*	folk song
lidová řemesla *pl*	country crafts
lidový tanec *m*	folk dance
lihoviny *pl*	spirits
likér *m*	liqueur
limonáda *f*	lemonade ; soft drink
linecké koláčky *pl*	latticed jam tarts
lístek *m*	ticket
listopad *m*	November
listovní zásilky *pl*	letters ; postcards ; mail
litr *m*	litre
loď *f*	ship ; boat
Londýn *m*	London
loutka *f*	puppet
loutkové divadlo *nt*	puppet theatre
lůžkový vůz *m*	sleeping car
lyžařský(-á/-é)	ski-
lyžařské boty *pl*	ski boots
lyžařské hole *pl*	ski poles
lyžařské vázání *nt*	ski binding
lyžařské vybavení *nt*	ski equipment
lyžařský vlek *m*	ski lift
lyže *pl*	skis
lyžovat	to ski
lžíce *f*	spoon

magnetofon m	tape recorder
majonéza f	mayonnaise
majolka f	mayonnaise
malina f	raspberry
malíř m	painter
malířství nt	painting
málo	little ; a few
malovat	to paint ; to decorate
malý(-á/-é)	small ; little
máma f	mummy
mandarinka f	tangerine
mandle f	almond
manšestrové kalhoty pl	corduroy trousers
manžel m	husband
manželka f	wife
manželská postel f	double bed
manžetové knoflíky pl	cufflinks
mapa f	map
máslo nt	butter
maso nt	meat ; flesh
masová konzerva f	tinned meat
mast f	ointment
med m	honey
meloun m	water melon
měna f	currency
méně	less
menstruační vložky pl	sanitary towels
menší	smaller ; lesser
měsíc m	moon ; month
jednou za měsíc	once a month
meruňka f	apricot
město nt	town ; city
hlavní město nt	capital

metro *nt*	underground ; metro
mezinárodní	international
mezinárodní jízdenky	international tickets
mezistátní	international
MHD *f*	public transport
míč *m*	ball
milovat	to love
milý(-á/-é)	dear ; nice ; pleasant
mimo	except
mimo pondělí	except Monday
mince *f*	coin
minerálka *f*	mineral water
minulý(-á/-é)	last ; previous
minutky *pl*	grilled/short-order dishes
míra *f*	measure ; measurement
místenka *f*	seat reservation
místní	local
místnost *f*	room
místo *nt*	room ; place ; spot
Míša *m*	ice lolly made of curd cheese
mít	to have ; to possess
mít raději	to prefer
mladý(-á/-é)	young
mléčný bar *m*	milk bar
mléčná čokoláda *f*	milk chocolate
mléčný koktejl *m*	milkshake
mléčné výrobky *pl*	dairy products
mléko *nt*	milk
mleté maso *nt*	mince
mlha *f*	fog ; mist
mluvit	to speak ; to talk
mnoho	much ; many ; a lot of
množné číslo *nt*	plural

množství *nt*	quantity ; amount
móda *f*	fashion ; style
módní doplňky *pl*	fashion accessories
módní přehlídka *f*	fashion show
modrý(-á/-é)	blue
Morava *f*	Moravia
moravský(-á/-é)	Moravian
moravská sudová vína	Moravian cask wines
moře *nt*	sea
most *m*	bridge
mošt *m*	apple juice
motocykl *m*	motorcycle
motor *m*	motor ; engine
motorový člun *m*	motor boat
moucha *f*	fly
moučník *m*	sweet ; dessert
mouka *f*	flour
mraznička *f*	freezer
mražený(-á/-é)	frozen
mrkev *f*	carrot
mše *f*	mass
můj	my ; mine
muset	to have to
muzeum *nt*	museum
muzikál *m*	musical
muž *m*	man ; male
muži	gents' *(toilet)*
my	we ; us
mýdlo *nt*	soap
myslet	to think

na	on ; to ; at
zastávka na znamení	request stop
nabízet	to offer
nabízíme...	we offer...
nábřeží *nt*	embankment
nábytek *m*	furniture
nad	above ; over
nadjezd *m*	overhead crossing ; flyover
nádobí *nt*	crockery ; pots and pans
nádraží *nt*	railway station
nádivka *f*	stuffing
nadúrovňová křižovatka *f*	flyover
nádvoří *nt*	courtyard
nafta *f*	oil ; diesel
nahoru	upstairs ; up
náhrada *f*	compensation ; refund
náhradní díl *m*	spare part
náhubek *m*	muzzle
nachlazení *nt*	cold
nájem *m*	hire ; rent ; lease
nakažlivý(-á/-é)	infectious
nakládaná zelenina *f*	pickle
nakladatelství *nt*	publishing house
nákupní středisko *nt*	shopping centre
nalevo	on the left
náměstí *nt*	square
nanuk *m*	ice lolly
náplast *f*	plaster
náplň *f*	refill ; filling ; cartridge
nápoje *pl*	beverages ; drinks
napravo	on the right
naproti	opposite
náprsní taška *f*	wallet

např.	e.g.
národní	national
národnost f	nationality
narození nt	birth
narozeniny pl	birthday
nářadí nt	tools
nástěnná malba f	mural
nastoupit do vlaku	to board (a train)
nástup m	boarding
nástupiště nt	platform
naučná stezka f	nature trail
navštívenka f	visiting card ; card
ne	no ; not
nealkoholický(-á/-é)	non-alcoholic
nebezpečný(-á/-é)	dangerous
na vlastní nebezpečí	at one's own risk
něco	something
neděle f	Sunday
nedělní prodej m	open on Sunday
nehoda f	accident
nejlepší	best
nekuřák m	non-smoker
nelze	it is not possible
nemocnice f	hospital
nemocný(-á/-é)	ill ; sick
neplatný(-á/-é)	not valid
neprůjezdná oblast	closed to traffic
nepřestupný tarif m	single journey only
nepřítomnost f	absence
nevyplňujte prosím	please leave blank
nezdaněný(-á/-é)	tax-free
nic	nothing
nikdo	nobody

nikdy	never
Niva f	type of blue cheese
noc f	night
celou noc	all night
noční podnik m	night-club
nosnost f	maximum load
nouzový východ m	emergency exit
noviny pl	newspaper
nový(-á/-é)	new
nula f	zero ; nought ; nil
nůž m	knife
nyní	now ; at present
o	about ; of ; at
o vánocích	at Christmas
oba	both
obalený(-á/-é)	coated in breadcrumbs
občanský průkaz m	identity card
občasný(-á/-é)	occasional
občerstvení nt	refreshments
oběd m	lunch ; dinner
obědvat	to have lunch
obchod m	shop ; business
obchodní dům m	department store
obilniny pl	cereals
objezd m	roundabout
objížďka f	diversion
oblast f	region ; area
oblečení nt	clothes
obloha f	sky
obložené chlebíčky pl	small open sandwiches

obraz *m*	picture
obsazeno	engaged *(phone, etc)* ; full
obsah *m*	contents ; plot ; volume
obsluha *f*	service ; attendance
obuv *f*	footwear
obývací pokoj *m*	living room
očkování *nt*	vaccination
oční lékař(ka) *m/f*	oculist
od ... do	from ... to
odbočka doprava *f*	turning to the right
oddělení *nt*	department ; ward
oddělení ztrát a nálezů *nt*	left-luggage office
odejít	to go away ; to leave *(on foot)*
odjet	to leave *(by means of transport)*
odjezd *m*	departure *(by train, bus)*
odlet *m*	departure *(by plane)*
odpadky *pl*	litter ; rubbish
odpoledne *nt*	afternoon ; in the afternoon
oheň *m*	fire
ochranný pás *m*	safety belt
ochutnávka vín *f*	wine tasting
ojetý vůz *m*	second-hand car
okno *nt*	window
oko *nt*	eye
okolí *nt*	neighbourhood
okres *m*	district
okružní jízda *f*	tour
okružní plavba lodí *f*	sightseeing cruise
okurka *f*	cucumber
okurka kyselá *f*	gherkin
olej *m*	oil
olejovka *f*	sardine
olomoucké tvarůžky *pl*	very strong cheese

omáčka f	sauce ; gravy
omeleta f	omelette
omezení rychlosti nt	speed limit
on	he ; it
ona	she ; it ; they
oni	they
ony	they
opalovat se	to sunbathe
opékané brambory pl	roast potatoes
opravna hodinek f	watch repairer's
optika f	optician
ordinace f	surgery
ordinační hodiny pl	surgery hours
ořechy pl	nuts
orloj m	astronomical clock
osoba f	person
osobně	personally
osobní vlak m	passenger train
ostatní sortiment m	miscellaneous
ošetření nt	treatment
otázka f	question
otec m	father
otevřeno	open
otevřít	to open
otvírací doba f	opening hours
otvírák na konzervy m	tin opener
otvírák na láhve m	bottle opener
ovoce nt	fruit
ovocné knedlíky pl	fruit dumplings
ovocný koláč m	fruit tart
ovocný salát m	fruit salad
označte si jízdenku	punch your ticket

pacient *m*	patient
padat	to fall
palác *m*	palace
palačinka *f*	pancake
palec *m*	thumb ; big toe
palivo *nt*	fuel
památka *f*	souvenir ; monument
památník *m*	monument
pán *m*	man ; Mr ; gentleman
pánské slipy *pl*	men's briefs
paní *f*	woman ; Mrs ; madam ; wife
páni *pl*	gents' *(toilet)*
pantomima *f*	mime
papír *m*	paper
papírnictví *nt*	stationer's
paprika *f*	peppers ; paprika
paprikový salám *m*	paprika salami
pár *m*	pair ; couple
paragon *m*	receipt
pardon!	sorry! ; excuse me!
parfém *m*	perfume
park *m*	park
parkovací hodiny *pl*	parking meter
parkování zakázáno	no parking
parkoviště *nt*	car park
párky *pl*	frankfurters
parník *m*	steamboat
pas *m*	passport
pás *m*	seat belt
pasáž *f*	passage
pasažér(ka) *m/f*	passenger
pásek *m*	belt ; tape
pásmo *m*	zone

pasová kontrola f	passport control
paštika f	pâté
pátek m	Friday
patro nt	floor ; storey
pavouk m	spider
pečený(-á/-é)	roasted ; baked
pečivo nt	pastries ; baker's
pedikúra f	chiropody
pekařství nt	baker's
pekárna f	bakery
pěkný(-á/-é)	nice ; fine ; pretty
peněženka f	purse
peníze pl	money
penzion m	guest-house
pepř m	pepper (spice)
permanentka f	season ticket
perník m	gingerbread
pero nt	pen ; feather
pes m	dog
pěšina pro chodce f	footpath
pět	five
petrolej m	paraffin oil
petržel f	parsley
pěvecký sbor m	choir
pilulka f	pill
písek m	sand
píseň f	song
piškot m	sponge cake
pít	to drink
pitná voda f	drinking water
pivnice f	pub
pivní sýr m	beer cheese
pivo nt	beer

Czech	English
pivovar *m*	brewery
placený prostor *m*	pay zone
placka *f*	thick pancake
platit	to pay
platit v hotovosti	to pay in cash
platný(-á/-é)	valid
platnost končí...	expires...
plavat	to swim
plavání zakázáno	no swimming
plavecký bazén *m*	swimming pool
plavky *pl*	swimsuit
plechovka *f*	tin ; can
plena *f*	nappy
ples *m*	dancing ball
maškarní ples *m*	fancy-dress ball
pletené zboží *nt*	knitwear
pleťová voda *f*	skin-lotion
plomba *f*	filling *(for tooth)*
plovárna *f*	swimming-pool
plnoletý(-á/-é)	of age
plyn *m*	gas
po	after ; about ; over ; about
po ulici	along the street
pobočka *f*	branch *(office)*
počasí *nt*	weather
počítač *m*	computer
pod	under ; below
podchod *m*	subway
podjezd *m*	underpass
podlaží *nt*	storey
podnik *m*	firm ; enterprise
podnikatel *m*	businessman ; entrepreneur
podpis *m*	signature

podzim *m*	autumn
pohár *m*	ice-cream sundae ; goblet ; cup
pohled *m*	view
pohlednice *f*	postcard
pohonná hmota *f*	fuel
pohraničí *nt*	border area
pohřební ústav *m*	undertaker's
pojistit	to insure
pojištění *nt*	insurance
pojišťovna *f*	insurance company
pokladna *f*	booking office ; box office
pokoj *m*	room
pokojská *f*	chambermaid
pokračovat	to continue
pokuta *f*	fine ; penalty
poledne *nt*	noon ; midday
polední přestávka *f*	lunch break
polévka *f*	soup
policejní stanice *f*	police station
policie *f*	police
Poličan *m*	kind of hard spicy salami
poliklinika *f*	health centre
polotovary *pl*	ready-to-cook food
pomalu	slowly
pomalý(-á/-é)	slow
pomazánka *f*	spread
pomeranč *m*	orange
pomník *m*	monument
pomoc *f*	help ; assistance
pondělí *nt*	Monday
ponožky *pl*	socks
poplatek *m*	charge ; fee
pórek *m*	leek

porcelán m	china ; porcelain
poschodí nt	floor
v prvním poschodí	on the first floor
poslat poštou	to send by post
poslední	last ; latest
poslouchat	to listen to
posluchárna f	lecture hall
postel f	bed
pošta f	post office
poštovné nt	postage
poštovní	postal
poštovní poukázka f	postal order
poštovní schránka f	letter-box
potok m	stream
potrava f	food
potraviny pl	grocer's
potřeby pro domácnost pl	kitchenware
potvrzení nt	receipt
pouze	only
použitý(-á/-é)	second-hand
povidla pl	plum jam
povinný(-á/-é)	compulsory
povolání nt	occupation
povolení nt	licence
jen pro držitele povolení	licence holders only
povolení k pobytu nt	residence permit
poznámky pl	notes ; comments
poznávací značka f	car number-plate
pozor m	attention ; beware of
pozvání nt	invitation
požár m	fire
požární poplach m	fire alarm
práce f	work

pracovní doba f	working hours
pracovní povolení nt	work permit
Pradlenka f	laundry ; Launderette
prádlo nt	underwear
Praha	Prague
do Prahy	to Prague
v Praze	in Prague
pravda f	truth
pravidlo nt	rule
právník m	lawyer
pravý(-á/-é)	right ; real ; true
Pražan(ka) m/f	inhabitant of Prague
prázdniny pl	school holidays
prázdný(-á/-é)	empty ; vacant
premiéra f	premiere (film, theatre)
prezervativ m	condom
pro	for ; because of
proclít	to declare
proč	why
prodat	to sell
prodej m	sale
prodejna nt	shop
prodejní automat m	vending machine
program m	programme
prohlídka f	sightseeing ; visit
pronajmout	to rent out
pronajmout si	to rent
prosinec m	December
prosím	please ; excuse me ; you're welcome!
proti	opposite ; against ; for
lék proti nachlazení	medicine for a cold
protože	because ; since

provádět	**to show round**
provoz *m*	**traffic**
provozní doba *f*	**business hours**
prozatímní	**temporary**
prst *m*	**finger**
pršet	**to rain**
průchod *m*	**passage** (for pedestrians)
průjem *m*	**diarrhoea**
průjezd *m*	**way through** (for vehicles)
průkaz *m*	**identity card**
řidičský průkaz *m*	**driving licence**
průsmyk *m*	**pass**
průvodce *m*	**guide** (person) ; **guidebook**
průvodčí *m/f*	**conductor ; guard**
první	**first**
první pomoc *f*	**first aid**
pryč	**away ; off ; gone**
přání *nt*	**wish ; wishes**
před	**before ; outside ; in front of**
před poštou	**outside the post office**
předčíslí *nt*	**dialling code**
předem	**in advance ; beforehand**
předjíždění *nt*	**overtaking**
předkrm *m*	**starter ; hors d'œuvre**
přední	**front**
předpis *m*	**recipe ; prescription**
předplatné *nt*	**subscription ; booking office**
předpověď *f*	**forecast**
předpověď počasí *f*	**weather forecast**
předprodej *m*	**advance booking**
předvařený(-á/-é)	**ready-cooked**
přehrada *f*	**dam**
přechod pro chodce *m*	**crossing**

přechodný(-á/-é)	temporary
přejezd *m*	crossing ; level crossing
přejít ulici	to cross the street
překročení rychlosti	speeding
přepravní služby	transport service
přes	over ; across
přes noc	overnight
přesedat	to change *(trains)*
přesnídávka *f*	snack
přestávka *f*	intermission ; interval ; break
přestože	although
přestup na...	change for... *(train, tram)*
přestupek *m*	offence
příbor *m*	knife and fork
přihláška *f*	application form
příchod *m*	arrival
příjemce *m*	recipient ; receiver
příjezd *m*	arrival
přijít	to arrive
příjmení *nt*	surname
přílet *m*	arrival *(by plane)*
přiletět	to arrive *(by plane)*
příliš	too
příloha *pl*	side dish ; supplement
přímo	direct ; straight
přímý let *m*	direct flight
přímý přenos *m*	live broadcast
přímý vlak *m*	through train
příplatek *m*	extra charge
připravený(-á/-é)	ready
přirážka *f*	extra charge
příroda *f*	nature ; countryside
přírodní	natural

přírodní řízek m	escalope
příručka f	handbook ; manual
přistání nt	landing (of plane)
přístav m	port
přístroj m	apparatus
přístup k hotelu m	access to the hotel
příští	next ; following
příští zastávka f	next stop
přítel m	friend (male) ; boyfriend
přítelkyně f	friend (female) ; girlfriend
přívěs m	caravan ; trailer
přízemí nt	ground floor
psací stroj m	typewriter
psát	to write
psát na stroji	to type
pstruh na másle m	trout sautéed in butter
pták m	bird
ptát se	to ask
půjčovna f	rental shop ; for hire
půl	half
půllitr m	half a litre
půlnoc f	midnight
punč m	punch (drink)
putovní výstava f	travelling exhibition
radnice f	town hall
radost f	pleasure ; joy
rajské jablíčko nt	tomato
rajská omáčka f	tomato sauce
rajská polévka f	tomato soup
rajská štáva f	tomato juice

234

raketa f	**racket** *(for tennis)*
rameno nt	**shoulder**
ramínko nt	**coat hanger**
ráno nt	**morning**
dnes ráno	**this morning**
v pondělí ráno	**on Monday morning**
rasismus m	**racism**
razítko nt	**rubber stamp**
poštovní razítko	**postmark**
rebarbora f	**rhubarb**
recepce f	**reception**
recepční	**receptionist**
recept m	**prescription ; recipe**
redakce f	**editor's office**
refrén m	**chorus**
regál m	**shelf**
reklama f	**advertisement**
reklamace f	**claim**
rekreační	**holiday**
rekreační oblast f	**holiday resort**
rekreant m	**holiday maker**
renesanční	**Renaissance**
repertoár m	**repertoire**
repríza f	**repeat ; re-run**
reprodukce f	**print**
republika f	**republic**
restaurace f	**restaurant**
resumé nt	**summary**
ret m	**lip**
réva f	**vine**
revizor m/f	**inspector**
režie f	**production**
režisér m	**producer ; director**

robot *m*	robot
ročně	annually
ročník *m*	volume ; class ; vintage
rodiče *pl*	parents
rodilý mluvčí *m*	native speaker
rodina *f*	family
rodiště *nt*	birthplace
rodokmen *m*	pedigree ; family tree
roh *m*	horn ; corner
na rohu	on the corner
rohlík *m*	bread roll
rok *m*	year
v příštím roce	next year
Šťastný Nový rok!	Happy New Year!
rokokový(-á/-é)	rococo *(in architecture)*
roláda *f*	Swiss roll
Róm(ka) *m/f*	Romany *(person)* ; Gypsy
román *m*	novel
románský(-á/-é)	Romance ; Romanesque
ropa *f*	oil ; petroleum
rosol *m*	jelly
rostlina *f*	plant
rostlinný olej *m*	vegetable oil
roštěná *f*	braised steak
rozcestí *m*	crossroads
rozebrat	to take to pieces ; to take apart
ta kniha je rozebraná	the book is sold out
rozhlas *m*	radio
rozhledna *f*	look-out tower
rozinky *pl*	raisins
rozumět	to understand
rozvedený(-á)	divorced
RTG *m*	X-ray

ruční práce	hand-made
ručník *m*	towel
ruka *f*	hand
rukavice *f*	glove
rum *m*	rum
rušnty(-á/-é)	busy
různý(-á/-é)	different ; miscellaneous
růžičková kapusta *f*	brussels sprouts
růžový(-á/-é)	pink ; rose
ryba *f*	fish
rybárna *f*	fishmonger's
rybářský lístek *m*	fishing permit
rybářský prut *m*	fishing rod
rybí filé *nt*	fish fillet
rybí polévka *f*	fish soup
rybí salát *m*	fish salad
rybíz *m*	blackcurrants
rychle	fast ; quickly
rychlík *m*	fast train
rychločistírna *f*	express dry cleaner's
rychloopravna *f*	repairs while-you-wait
rychlost *f*	speed ; gear
rychlý(-á/-é)	quick ; fast
rýma *f*	cold
dostat rýmu	to catch a cold
řada *f*	row *(line)*
řeč *f*	language ; speech
ředitel *m*	director ; headmaster ; manager
ředkvička *f*	radish
řeka *f*	river

řetízek m	chain
řezané pivo nt	light and dark beer mixture
řeznictví m	butcher's
říci	to say
řidič(ka) m/f	driver
řidičský průkaz m	driving licence
říjen m	October
řízek m	Wiener schnitzel

s	with
sáček m	bag
sada f	set
sádlo nt	lard
sako nt	jacket ; blazer
sál m	hall
salám m	salami
salát m	salad ; lettuce
sám	alone ; by oneself
samoobsluha f	self-service shop
sanitka f	ambulance
saponát m	detergent
sardinka f	sardine
satelit m	satellite
sauna f	sauna
sázená vejce pl	fried eggs
secesní	art nouveau
sedadlo nt	seat
sedm	seven
sednout si	to sit down
segedínský guláš m	pork goulash with sauerkraut in cream sauce

sekaná f	meatloaf
sekt m	sparkling wine
semafor m	traffic lights
semiš m	chamois leather
sendvič m	sandwich
servírka f	waitress
sestra f	sister ; nurse
sestřenice f	cousin
sešit m	exercise book
setkání nt	meeting
sever m	north
seznam m	list
sezóna f	season
schod m	stair ; step
po schodech dolů	downstairs
po schodech nahoru	upstairs
schodiště nt	staircase
sídliště nt	housing estate
sifon m	soda water
silnice f	road
Silvestr m	New Year's Eve
sjízdný(-á/-é)	passable ; open
skála f	rock
skládací	folding
skládačka f	jigsaw puzzle
sklenice f	glass
sklep m	cellar
sklo nt	glass (substance)
broušené sklo nt	cut glass
skopové maso nt	mutton
skříň f	wardrobe ; cupboard ; case
skříňka f	box
skříňka na zavazadla f	locker

skupina f	group
sladký(-á/-é)	sweet
slaneček m	pickled herring
slanina f	bacon
slanina s vejci f	bacon and eggs
slaný(-á/-é)	salty
slavistika f	Slavonic studies
slavnost f	festival ; celebration
slavnostní	festive
slečna f	young woman ; Miss
sleď m	herring
slepice na paprice f	chicken paprika
sleva f	reduction ; discount
slipy pl	briefs
slivovice f	plum brandy
Slovan m	Slav
slovanský(-á/-é)	Slavic ; Slavonic
Slovák m	Slovak (man)
Slovenka f	Slovak (woman)
Slovensko nt	Slovakia
slovenský(-á/-é)	Slovak
slovenština f	Slovak (language)
slovník m	dictionary
naučný slovník m	encyclopedia
slovo nt	word
složenka f	postal order
sluchátko nt	receiver (telephone)
slunce nt	sun
sluneční hodiny pl	sundial
služba f	service
smažený(-á/-é)	fried
smažené brambůrky pl	crisps
smažené rybí filé nt	fried fish fillet

smažený Hermelín *m*	**fried cheese** *(type of Camembert)*
smažený sýr *m*	**fried cheese**
smažené žampiony *pl*	**fried mushrooms**
směnárenský kurs *m*	**exchange rate**
směnárna *f*	**bureau de change**
směr *m*	**direction**
směrem k...	**in the direction of...**
směrovací číslo *nt*	**postcode**
směrovka *f*	**indicator**
směs *f*	**mixture**
smím	**I can ; I may**
nesmím	**I mustn't**
smetana *f*	**cream**
smlouva *f*	**contract**
smluvit si schůzku	**to arrange a meeting**
smluvní ceny *pl*	**unregulated prices**
smyk *m*	**skid**
snadný(-á/-é)	**easy**
sněhová závěj *f*	**snow drift**
sněhové řetězy *pl*	**snow chains**
sněžit	**to snow**
snídaně *f*	**breakfast**
sníh *m*	**snow**
snímek *m*	**picture ; photo**
snížení cen *nt*	**price reduction**
sobota *f*	**Saturday**
sodovka *f*	**soda water**
socha *f*	**statue ; sculpture**
sójové boby *pl*	**soya beans**
sójové maso *nt*	**soya meat**
solený(-á/-é)	**salted**
sortiment *m*	**assortment ; choice**
soška *f*	**statuette**

soubor *m*	collection
současný(-á/-é)	contemporary ; modern
součástka *f*	part
součet *m*	sum ; total
soukromý(-á/-é)	private
souprava končí ve stanici...	train terminates at... *(metro)*
sourozenci *pl*	brothers and sisters ; siblings
soutěska *f*	pass
spací pytel *m*	sleeping bag
spací vůz *m*	sleeping car
spát	to sleep
specialita *f*	speciality
spěšnina *f*	express parcel
spěšný vlak *m*	express train
spišské párky *pl*	spicy frankfurters
spodní	bottom
spodní prádlo *nt*	underwear
spoj *m*	connection
spolu	together
sportovní hala *f*	indoor sports stadium
spořitelna *f*	savings bank
spotřební zboží *nt*	consumer goods
správce *m*	manager ; administrator
sprcha *f*	shower
spropitné *nt*	tip
srpen *m*	August
stadión *m*	stadium
stálý(-á/-é)	permanent
stan *m*	tent
stánek *m*	stall ; kiosk
stanice *f*	stop *(bus, tram, etc)*
stanoviště taxíků *nt*	taxi rank
starožitnictví *nt*	antique shop

Czech	English
starý(-á/-é)	old
státní	state
státní příslušnost *f*	nationality
stavba *f*	building ; construction
stěna *f*	wall
stezka *f*	path ; trail
sto	hundred
století *nt*	century
strava *f*	food ; diet
stroj *m*	machine
strom *m*	tree
strop *m*	ceiling
strouhanka *f*	breadcrumbs
středa *f*	Wednesday
stříbrný(-á/-é)	silver
střih *m*	cut
studentský klub *m*	students' club
studený(-á/-é)	cold
studená kuchyně *f*	cold food
studené předkrmy *pl*	cold starters
studovna *f*	reading room
stůl *m*	table
stupeň *m*	grade ; degree
sušenka *f*	biscuit
sušený(-á/-é)	dried
suterén *m*	basement
svačina *f*	snack
svařené víno *nt*	mulled wine
svátek *m*	festival ; holiday ; name day
svatý(-á/-é)	holy ; saint
svět *m*	world
světlo *nt*	light
světlé pivo *nt*	light beer

svetr m	sweater
svíčková f	roast sirloin of beef in cream sauce
syn m	son
synagoga f	synagogue
sýr m	cheese
syrečky pl	very strong cheese
syrový(-á/-é)	raw
šálek m	cup
šálek čaje	cup of tea
šálek kávy	cup of coffee
šampaňské nt	champagne
šampon m	shampoo
šatna f	cloakroom
šaty pl	dress
šedivý(-á/-é)	grey
šéf m	chief ; boss
šek m	cheque
šeková knížka f	cheque book
šest	six
šípkový čaj m	rosehip tea
široký(-á/-é)	wide
škoda f	damage ; harm ; pity
škola f	school
školka f	kindergarten
šlehačka f	whipped cream
šortky pl	shorts (trousers)
špagety pl	spaghetti
španělské hovězí plátky pl	beef olives
špatně	badly ; wrong

špatný(-á/-é)	bad
špek m	bacon fat
špenát m	spinach
šperk m	jewel
špinavý(-á/-é)	dirty
šťastný(-á/-é)	happy ; lucky
šťastnou cestu!	have a good trip!
šťáva f	juice ; sauce
Štědrý den m	Christmas Eve
štěstí nt	happiness ; good luck
šunka f	ham
šunková rolka f	ham roll
švestka f	plum
ta f	this
tabák m	tobacconist's
tableta f	tablet ; pill
tábořiště nt	campsite
tabulka f	chart ; windowpane
tak	so
talíř m	plate
tampóny pl	tampons
tarif m	rate ; tariff
taška f	bag ; satchel
tatarská omáčka f	tartare sauce
tavený sýr m	processed cheese
taxi nt	taxi
těhotenství nt	pregnancy
tekoucí horká a studená voda	hot and cold running water
telecí maso nt	veal

telecí párky *pl*	veal frankfurters
telefon *m*	telephone
telefonní budka *f*	phone box
telefonní číslo *nt*	phone number
telefonní karta *f*	phonecard
telefonní seznam *m*	telephone directory
telefonovat	to phone
telegraf *m*	telegraph
telegram *m*	telegram
televize *f*	television
televizor *m*	television set
tělocvična *f*	gym
ten *m*	this
tenis *m*	tennis
tenisová raketa *f*	tennis racket
tenisový kurt *m*	tennis court
teplý(-á/-é)	warm
teplá jídla *pl*	hot dishes
teplé předkrmy *pl*	hot starters
termoska *f*	flask
těstoviny *pl*	pasta
těžký(-á/-é)	heavy ; difficult
tisíc *m*	thousand
tiskací písmena *pl*	capital letters
titulek *m*	headline ; subtitle
tlak krve *m*	blood pressure
tlumočit	to interpret
tmavý(-á/-é)	dark
to *nt*	this
toaletní papír *m*	toilet paper
toalety *pl*	toilets
točené pivo *nt*	beer on tap
tomatový salát *m*	tomato salad

topinka f	toast
továrna f	factory
tradice f	tradition
tradiční česká kuchyně f	traditional Czech cuisine
tramvaj f	tram
trasa f	line (metro) ; route
trh m	market
tričko nt	T-shirt
trolejbus m	trolleybus
tržnice f	indoor market
tři	three
třída f	avenue ; class ; classroom
třikrát	three times
tuk m	oil ; fat
tunel m	tunnel
turista m	tourist
turistická ubytovna f	hostel
turistický salám m	popular cheap salami
tužka f	pencil
tvaroh m	curd cheese
tvrdý(-á/-é)	hard ; heavy
týden m	week
tento týden m	this week
příští týden m	next week
týdeník m	weekly
tykat si	to use each other's first names
tykev f	pumpkin
u	near ; close ; by ; with
u nás	at our place
ubytování nt	accommodation

učitel(ka) m/f	teacher
účtenka f	bill
ukázat	to show
ukazatel m	signpost
ulice f	street
uměleckoprůmyslové muzeum nt	museum of applied arts
umělý(-á/-é)	artificial ; fake ; man-made
umělá hmota f	plastic
umění nt	art
umět	to be able to do ; to know
únava f	fatigue
unavený(-á/-é)	tired
únor m	February
úraz m	accident ; injury
úřad m	office
úřední	official
úřední hodiny pl	business hours
úschovna zavazadel f	left-luggage office
ústav m	institute
úterý nt	Tuesday
utopence pl	pickled sausages
uzavřený(-á/-é)	closed
silnice je uzavřena	the road is closed
uzenáč m	kipper
uzenářství nt	charcuterie
uzená makrela f	smoked mackerel
uzené maso nt	smoked meat
uzený sýr m	smoked cheese
uzeniny pl	charcuterie
úzký(-á/-é)	narrow

v	in ; at ; on
v březnu	in March
v poledne	at noon
v sobotu	on Saturday
vadný(-á/-é)	defective
vafle pl	waffle
vagón m	carriage ; coach
vaječný koňak m	advocaat
vaječný salát m	egg mayonnaise salad
valuty pl	hard currency
vanilková zmrzlina f	vanilla ice-cream
Vánoce pl	Christmas
o vánocích	at Christmas
veselé Vánoce!	Merry Christmas!
vánočka f	sweet Christmas bread
vánoční pečivo nt	sweets eaten at Christmas
vánoční stromeček m	Christmas tree
varieté nt	variety show
vařený(-á/-é)	boiled
vařené brambory pl	boiled potatoes
vařit	to cook
váš	your ; yours
vata f	cotton wool
včera	yesterday
včetně	including ; included
vdaná	married (of woman)
vdolečky pl	scones
věc f	thing ; matter ; cause
večer nt	evening ; in the evening
dnes večer	tonight
zítra večer	tomorrow night
večeře f	dinner ; supper
vědět	to know

vedle	beside ; next to
vedoucí m/f	manager
vegetarián m	vegetarian
vegetariánská jídla pl	vegetarian dishes
vejce nt	egg
míchaná vejce pl	scrambled eggs
vejce na měkko nt	soft-boiled egg
vejce na tvrdo nt	hard-boiled egg
věk m	age
veka f	French bread
veletrh m	trade fair
velice	very ; greatly
Velikonce pl	Easter
velikonoční mazanec m	sweet Easter bread
velikonoční pomlázka f	Easter carolling
velikonoční vajíčka pl	Easter eggs
velikost f	size
veliký(-á/-é)	big ; large
velkoobchod m	wholesale
velký(-á/-é)	big ; large
velmi	very
velmi mnoho	very much
velmi krátké vlny pl	very high frequency
velvyslanec m	ambassador
velvyslanectví nt	embassy
ven	out
venku	outdoor ; in the open air
ventil m	valve
ventilace f	ventilation
ventilátor m	fan
vepřové maso nt	pork
veřejný(-á/-é)	public
veřejné záchodky pl	public toilets

veselé Vánoce	**Merry Christmas!**
vesnice f	**village**
věta f	**sentence**
větrání nt	**ventilation**
vchod m	**entrance**
videokazeta f	**videotape**
vidět	**to see**
vidlička f	**fork**
víkend m	**weekend**
vinárna f	**wine bar**
vinný střik m	**wine and soda water**
víno nt	**wine**
vitamín m	**vitamin**
vítr m	**wind**
vízum nt	**visa**
vjezd m	**drive ; gateway**
vláda f	**government**
předseda vlády m	**prime minister**
vlak m	**train**
vlašský ořech m	**walnut**
vlažntý(-á/-é)	**lukewarm**
vléct	**to tow**
vlečné lano nt	**tow rope**
vlek m	**ski lift**
vlevo	**on/to the left**
vlhký(-á/-é)	**damp**
vlna f	**wool**
vlněný(-á/-é)	**woollen**
vložky pl	**sanitary towels**
voda f	**water**
voda po holení f	**aftershave**
vodník m	**water-sprite**
vodopád m	**waterfall**

volant m	steering wheel
volno nt	spare time ; free time
volný(-á/-é)	free ; loose ; vacant
volné místo nt	vacancy
volské oko nt	fried egg
vozidlo nt	vehicle
vozidlo v protisměru	oncoming vehicle
vozovka f	road
vpravo	on/to the right
vrátnice f	porter's lodge ; reception
vrátný m	porter ; security guard
vrch m	hill
vrchní	top ; upper
vstup m	entry ; entrance
vstup volný m	admission free
vstup zakázán m	no entry
vstupenka f	ticket (for cinema, theatre, etc)
vstupné nt	admission
vstupné dobrovolné	voluntary contribution
všechno nt	all ; everything
všechno nejlepší k narozeninám	many happy returns!
vteřina f	second
vy	you (plural or polite form)
výborný(-á/-é)	excellent
výčep m	tap-room
výdej m	issue ; collection
vyhláška f	notice
vyhlídka f	observation point
vyhlídkový autokar m	sightseeing coach
východ m	exit ; east
výkop m	excavation
výkupní cena f	purchasing price

vypínač m	switch
vyplnit	to fill in
vyprodáno	sold out
výprodej m	clearance ; sale
vypršet	to expire
vysoký(-á/-é)	high
vysoká škola f	university ; college
výstaviště nt	exhibition park
výstup m	exit (metro, tram, bus)
vyšetření nt	examination ; check-up
výtah m	lift
vývrtka f	corkscrew
vyzvednout	to claim (luggage)
vzduch m	air
vzít	to take
vzkaz m	message
vždy	always

z	from ; out of
za	behind ; beyond
za týden	in a week
začít	to start ; to begin
záda pl	back
zadarmo	free of charge
zadek m	bottom ; buttocks
zadní	back
zahrada f	garden
zahradní restaurace f	garden restaurant
zahraniční	foreign
záchod m	toilet ; WC
zájezd m	excursion ; trip

zajímavý(-á/-é)	interesting
zákaz m	ban ; prohibition
zákaz předjíždění m	no overtaking
zákusek m	dessert ; sweet
zálivka f	dressing
záloha f	deposit
zámek m	mansion ; castle
zánět m	inflammation
západ m	west
zápal m	inflammation
zápalky pl	matches
zápas m	fight ; match ; contest
fotbalový zápas m	football match
zapečené těstoviny pl	pasta au gratin
záruční lhůta f	guarantee
záruční list m	certificate of guarantee
záruka f	guarantee
září nt	September
zasedací síň f	assembly hall
zástavárna f	pawn shop
zastávka f	stop
zastávka na znamení f	request stop
zastávka dočasně zrušena	stop temporarily out of service
zastupitelství nt	embassy
zatáčka f	bend ; curve
zátka f	cork
závada f	defect
zavařenina f	jam ; marmalade
zavařený(-á/-é)	bottled
zavazadlo nt	luggage
zavináč m	rollmop
zavírací doba f	closing time
zavřeno	closed (sign)

zázvor m	ginger
zboží nt	goods
zdarma	free of charge
zde	here
zdraví nt	health
na zdraví!	cheers!
zdravotní středisko nt	health centre
zeď f	wall
zelenina f	vegetables
zeleninová obloha f	garnished with vegetables
zelený(-á/-é)	green
zelí nt	cabbage
zelí dušené na víně nt	cabbage in with wine
země f	country
zima f	winter ; cold
zimní stadion m	winter sports stadium
zítra	tomorrow
zlato nt	gold
zlevnění nt	price reduction
zlý(-á/-é)	bad ; evil
zmrzlina f	ice cream
zmrzlinový pohár m	ice-cream sundae
známka f	stamp ; sign
znát	to know
zóna f	zone
zoologická zahrada f	zoo
zpáteční jízdenka f	return ticket
zpoždění nt	delay
zrnková káva f	coffee beans
zrušit	to cancel ; to call off
ztráta f	loss
zub m	tooth
zubař m	dentist

zubní kartáček *m*	**toothbrush**
zubní pasta *f*	**toothpaste**
zvěrolékař *m*	**vet**
zvěřina *f*	**game**
zvíře *nt*	**animal**
žádat	**to ask for**
žádný(-á/-é)	**no**
žádný autobus *m*	**no bus**
žampióny *pl*	**champignons**
žebírko *nt*	**spare-rib**
žehlička *f*	**iron** *(for ironing)*
želé *nt*	**jelly**
železářství *nt*	**ironmonger's**
žena *f*	**woman ; female ; wife**
ženatý	**married** *(of man)*
ženy *pl*	**ladies'** *(toilet)*
žid(ovka) *m/f*	**Jew**
židovský(-á/-é)	**Jewish**
žít	**to live**
život *m*	**life**
životní prostředí *nt*	**environment**
žízeň *f*	**thirst**
žlutý(-á/-é)	**yellow**
žvýkačka *f*	**chewing gum**